Studien zur Berliner Musikgeschichte

Musikkultur der zwanziger Jahre

Im Auftrag der
Akademie der Künste der DDR
herausgegeben von
Klaus Mehner und Joachim Lucchesi

Henschelverlag Kunst und Gesellschaft
Berlin 1989

ISBN 3-362-00426-1

als Manuskript gedruckt
(c) Henschelverlag Kunst und Gesellschaft,
DDR · Berlin 1989
Herausgeber: Akademie der Künste der DDR
Lizenz-Nr.: 414.235/112/89
LSV-Nr.: 8401
Printed in the German Democratic Republic
Druck und buchbinderische Weiterverarbeitung:
Phönix Druckerei Berlin
626 029 7
00800

Inhalt

Zur Einführung

"Im Gegensatz zu anderen deutschen Städten hat das Berliner Musikleben den etwas zweifelhaften Vorzug, sich mehr als 'Betrieb'
denn als kulturfördernder Faktor betrachtet zu sehen. Nicht daß
ihm das Großzügige, Erhebende und Bedeutsame abginge. Indessen
das bunte Gemisch der fragwürdigen, schwankenden Gestalten, die
ihm anhangen, wie dem Kometen der Schweif, macht es in seiner
Gesamtheit eigentlich zu einer charakterlosen Erscheinung - etwa wie eine Messe oder ein Trödelmarkt, auf dem wahlloses Angebot und wahllose Nachfrage einander die Hände reichen. Hier
zeigt der mit großer Emphase so oft zitierte Grundsatz vom frei-
en Spiel der Kräfte seine bedenkliche Kehrseite - in der Millio-
nenstadt, deren internationale Prägung von Woche zu Woche an
Schärfe zunimmt und in der jeder eine Frage an das Schicksal
frei zu haben meint - Begabtes und Unbegabtes - Halbfertiges
und Spekulatives - Künstlerisches und Dilettantisches. Ein großer Weltmarkt mit Massen-Umsatz!"[1]

So werden im Jahre 1920 "Momentbilder aus dem Berliner Musikbetrieb" vermittelt; der Autor ist Max Chop, Berliner Musikwissenschaftler, Herausgeber der "Signale für die musikalische
Welt". Interessant sind die Begriffe, mit denen operiert wird:
Betrieb, Messe, Trödelmarkt, Angebot und Nachfrage, freies
Spiel der Kräfte, Weltmarkt, Massenumsatz. Dies alles sind Begriffe, die nicht zufällig ihre Herkunft aus ökonomischen Zu-
sammenhängen mit sich herumtragen. Wenn sie eingesetzt werden,
um das Besondere der Berliner Musikkultur um 1920 zu beschrei-
ben, so lenken sie den Blick vorrangig auf eine spezielle Seite,
die mehr mit Quantitativem als mit Qualitativem zu tun hat;
"Buntscheckigkeit und Überfülle" sind eher angesprochen denn
eine "charakteristische Gesamtprägung"[2] der musikalischen Verhältnisse Berlins.

Äußerungen solcher Art gibt es viele; in den "Musikblättern
des Anbruch" wird Berlin 1921 durchaus zutreffend als "Musik-

zentrale der Welt" bezeichnet. Wie konnte die Stadt zu einer
solchen Weltzentrale werden, wenn man bedenkt, daß gerade ein
verheerender Krieg, der erste Weltkrieg, zu Ende gegangen war,
der materielle und geistige Erschütterungen bisher kaum gekann-
ten Ausmaßes mit sich gebracht hatte, der gravierende wirtschaftliche Probleme im Gefolge hatte, die erst 1923/24 einigermaßen
und zeitweilig behoben werden konnten, ehe sie am Ende des Jahrzehnts in eine Krise mit weltweiten Dimensionen mündeten?

Unterzieht man die zwanziger Jahre einer genaueren Betrach-
tung, dann fällt die Divergenz zwischen ausgesprochen komplizierter politischer und ökonomischer Situation auf der einen
Seite, einem durchaus reichhaltigen Kultur- und Kunstbetrieb auf
der anderen Seite sofort ins Auge. Doch so ungewöhnlich, wie
diese Divergenz scheinen mag, ist sie nun doch nicht; ähnliche
Situationen gab es mehrfach in der deutschen und europäischen
Geschichte. Um die historische Konstellation mit dem ersten
Weltkrieg und den revolutionären Bewegungen in zahlreichen Ländern der Erde ist dafür ein wesentlicher Hintergrund: Es handelte sich um einen Krieg, in den Angehörige aller Bevölkerungs-
schichten mit großen nationalen oder auch nationalistischen Illusionen gezogen waren, aufgehend in einer scheinbar klassen-
losen Gesellschaft von Vaterlandsverteidigern. Bedeutende deutsche Künstler brauchten Jahre, um die Niederlage und die Erlebnisse des Krieges zu bewältigen und künstlerisch bewußt zu ver-
arbeiten. Es handelte sich zudem um eine Revolution, die für
Deutschland keine grundlegende gesellschaftliche Erneuerung
brachte, in deren Verlauf nur partiell eine wirkliche Mobili-
sierung der Massen durch eine politisch führende Kraft statt-
fand. Von all den damit verbundenen Widersprüchen war die daraus
hervorgegangene Weimarer Republik gezeichnet.

Und doch: Der Geist revolutionärer Erneuerung nach dem Sieg
der Großen Sozialistischen Oktoberrevolution in Rußland und den
vielfältigen revolutionären Ereignissen in Deutschland war ebensowenig wieder auszumerzen wie der breite Kreise verbindende
Wunsch nach Frieden. Wie so oft in Deutschland wurden die Probleme auch dieser Epoche am konsequentesten im ideellen Bereich
benannt und ausgetragen, woran die Künstler einen erheblichen
Anteil hatten. So waren wichtige Hoffnungen auf geistige Erneue-

rung die Grundlage für Kunst- und auch Musikinteressen in der
gesamten Bevölkerung; von den Künsten erwartete man Antworten
auf aktuelle Fragen wie auch Beiträge zur Vergangenheitsbewälti-
gung. Musikinteressen gab es in großer Breite und Differenziertheit, es betraf alle sozialen Gruppierungen in Deutschland.
Zielpunkt war nicht nur die Berufskunst, sondern auch die nicht-
professionelle Kunst.

Die zwanziger Jahre - das ist der Zeitraum zwischen dem Ende
des ersten Weltkrieges und der faschistischen Machtergreifung;
das sind die Jahre der Revolution, der Inflation, einer relati-
ven, ökonomischen Stabilisierung und der Weltwirtschaftskrise,
das sind auch die Jahre der Entfaltung wie zugleich Begrenzung
und Beschneidung bürgerlicher Demokratie, einer erstarkenden Arbeiterbewegung und der mehr und mehr um sich greifenden faschistischen Ideologie und Machtpolitik. Es sind Jahre mit selten so
zu beobachtender Dynamik.

Die zwanziger Jahre begannen für Berlin und die Musik selbstverständlich nicht voraussetzungslos; ihre Grundlagen wurden zumindest seit der Reichsgründung 1871 und der damit forcierten
Hauptstadtfunktion gelegt. Seitdem war ein Aufschwung sowohl in
bürgerlichen als auch in höfischen Musiziersphären zu verzeich-
nen. Zwei Beispiele mögen das verdeutlichen: Die Hofkapelle er-
fuhr eine entscheidende künstlerische Profilierung unter Felix
Weingartner und Richard Strauss, das noch junge Berliner Philharmonische Orchester begann unter Hans von Bülow und Arthur
Nikisch seinen Weg zu nationalem und internationalem Ruhm. Kon-
zertagenturen wuchsen aus dem Boden und diktierten Angebot und
Nachfrage. Nichts wäre die Musik ohne die großen Persönlichkeiten, die sie schrieben und interpretierten. Berlin hat davon
viele ständig oder wenigstens zeitweilig in seinen Mauern beher-
bergt. Auffallend war die hohe Zahl der Ausländer, ohne deren
Leistungen die Berliner Musikkultur wesentlich an Qualität ein-
gebüßt hätte. Nach und nach fühlte sich auch eine jüngere Künst-
lergeneration zu dieser Stadt hingezogen, so daß sich eine die
zwanziger Jahre ebenfalls kennzeichnende Generationenvielfalt
allmählich vorbereitete.

Den Berlinern und ihren Besuchern bot sich während dieser
Jahre ein breit angelegtes Panorama von musikalischen Erschei-

nungen. Sie vollständig aufzuzählen, würde unseren Rahmen spren-
gen; außerdem werden bestimmte Seiten in den Beiträgen genauer
beleuchtet. Ein kurzer Umriß des Vorhandenen sei jedoch gegeben:

Gute bis erstklassige Orchester und Chöre veranstalteten all-
abendlich Konzerte; an manchen Tagen waren es zehn und mehr.
Unter diesen Konzerten wurden die sogenannten Volkskonzerte besonders hervorgehoben, wo man zu gar kleinen Preisen die besten
Sänger und Instrumentalisten hören konnte. Drei Opernhäuser war-
ben um die Gunst des Publikums, das Unter den Linden, das am
Platz der Republik und das in Charlottenburg. Berlin erlebte
eine Hoch-Zeit der Operette; Werke von Walter Kollo, Jean Gil-
bert, Eduard Künneke und Ralph Benatzky feierten wahre Triumphe.
Musik gab es außerdem in riesigen Ausstattungsrevuen, im Kabarett, im Varieté, im Zirkus. Musik wurde integriert in die neuen
technischen Möglichkeiten des Rundfunks und des Films. Die Berliner Musikhochschule eröffnete 1927 eine Rundfunkversuchsstelle.
Ein eigenes Profil gewann die Arbeitermusikkultur. Steigende Mit-
gliederzahlen erlebte der Deutsche Arbeiter-Sängerbund; Höhe-
punkte sind Sängerfeste wie das 1931 in Neukölln oder die Mitwirkung des Arbeiterchores Groß-Berlin bei der Uraufführung von
Hanns Eislers "Maßnahme". Das Arbeiterkampflied von Eisler und
anderen, die "Kampfgemeinschaft der Arbeitersänger" trat akademischen und kleinbürgerlichen Tendenzen, wie sie von der SPD gefördert wurden, bewußt entgegen. Schließlich sind neben einer
sehr aktiven Musikkritik "rechts" wie "links" Persönlichkeiten
zu würdigen, ohne die Berlin um vieles ärmer geblieben wäre. An
erster Stelle stand dabei Leo Kestenberg, Referent - später Mi-
nisterialrat - im Preußischen Ministerium für Wissenschaft,
Kunst und Volksbildung. Seine Ideen wurden wirksam in der Hochschule für Musik, der Akademie der Künste und der Berliner Universität. So zog er erfahrene Lehrer wie Franz Schreker und
Georg Schünemann an die Hochschule, Ferruccio Busoni und in seiner Nachfolge Arnold Schönberg an die Akademie.

Michael Druskin, der bekannte sowjetische Musikologe, erlebte Berlin am Anfang der dreißiger Jahre als Student. Seine
Äußerungen zu dem vergangenen Jahrzehnt sind äußerst charakteristisch: "So ging eine der interessantesten Perioden der
deutschen Musikgeschichte des 20. Jahrhunderts zu Ende. Sie

dauerte nicht lange, insgesamt nur zehn Jahre, aber es war eine
außergewöhnlich intensive und konzentrierte Zeit, die in der
Fülle ihrer Widersprüche Abbild der kühnen künstlerischen Bestrebungen jener Jahre wie auch der utopischen Wunschträume und
der realen Leistungen der deutschen Tonkunst war"[3].

Die hier vorgelegten Aufsätze basieren auf Referaten, die 1987
im Rahmen eines Kolloqiums zur Musikkultur Berlins der zwanziger
Jahre vorgetragen wurden. Veranstalter war die Forschungsabtei-
lung Musik an der Akademie der Künste der DDR. Der Beitrag von
Frank Schneider, entstanden für die Musikgeschichtskonferenz
der Hochschule für Musik "Hanns Eisler" Berlin 1987 (veröffentlicht als ein Band der "Studien zur Berliner Musikgeschichte"),
wurde zur Beleuchtung eines wesentlichen Aspekts in diesem Zeitraum mit aufgenommen.

Es konnte nicht das Ziel sein, gewissermaßen "flächendeckend"
das breite und zugleich diffizile Spektrum der Berliner Musikkultur auch nur annähernd zu umreißen. Statt dessen sollte anhand punktueller, aber möglichst signifikanter Studien die Pro-
blematik dieser Periode aufgezeigt werden. Zugleich ist es Ab-
sicht der Herausgeber, durch die vorgelegten Arbeitsergebnisse
zu weiterer Auseinandersetzung mit diesem Zeitabschnitt anzu-
regen.

Unser Dank gilt allen am Zustandekommen dieses Bandes Beteiligten.

Berlin, Juli 1988

Joachim Lucchesi   Klaus Mehner

Anmerkungen

1 Max Chop: Momentbilder aus dem Berliner Musikbetrieb, in:
   Musikblätter des Anbruch, Jg. II, Nr. 5, S. 191.

2 Ebenda

3 Michael Druskin: Berlin, Anfang der dreißiger Jahre, in:
   Kunst und Literatur, 1970, Nr. 11, S. 1226.

Kirsten Beuth

"Dein Tänzer ist der Tod"
Leben in den Zwanzigern

Busen, Taille, Hüfte verschwanden unter Hemdbluse, Jumper, smo-
kingartigem Blazer, das kurzgeschnittene Haar umschloß der Topf-
hut. Die formal gleichberechtigte Frau stellte bewußt die Egali-
tät dem Manne gegenüber aus, ohne ihre Weiblichkeit zu leugnen
oder gar vermissen zu wollen. Großzügige Pelzkragen, Zipfelrök-
ke, Schärpen, Volants und Draperien an Abendkleidern - die in
den Kriegsjahren verbannte Erotik gebiert Kamikaze der Gefühle,
gehüllt in Seidendessous und elegante Strümpfe.

Sie sind wieder Mode: Die Garconnes werfen die Pfunde weg -
vorne flach, hinten flach, das knabenhafte Weiblichkeitsideal
der zwanziger Jahre flirrt durch die Straßen. Auch heute bewuß-
tes Ausstellen von "Mann stehen" und Frau sein - im Alltag wort-
lose Sprache, auf die man hören sollte.

Was macht die Zwanziger so reizvoll? Ist es ihre Explosivi-
tät und Exaltation, die Differenziertheit, die Tünche und Nacktheit jener Jahre, der Lebenshunger, der gierige Griff nach uner-
fülltem Glück? Was war das für ein Lebensgefühl, das wert zu
sein schien, vergoldet zu werden?

Die Faszination, die bis ins Heute reicht, ist sicher zu
einem großen Teil der höheren Wirklichkeit von Traum und Hoffnung geschuldet. Der schmerzhafte Prozeß der Desillusionierung
tritt in die zweite Reihe, das Nachtklubzeitalter macht vieles
vergessen.

Das die zwanziger Jahre bestimmende Lebensgefühl wurzelte
maßgeblich im Kulturellen. Begriffe wie Zeit - Masse - Experiment wurden für jedermann spürbar. Zeitlichkeit, die nicht mehr
das Gefühl von Stabilität in sich barg, sondern Zeugung und Ver-
gänglichkeit ins Bewußtsein hob, wurde zur Basis einer Lebens-
haltung, die die Kraft und Notwendigkeit in sich trug, das Pro-
bieren auf seine Fahnen zu schreiben.

Der Weltverkehr entwickelte sich wie nie zuvor: D-Züge durch-
querten Europa, der Schiffsverkehr erreichte ein bisher nicht
gekanntes Ausmaß. 1927 wurden der Suez- und der Panamakanal von
mehr als zehntausend Schiffen durchfahren. 1924 wurde in Berlin
die erste Automobilausstellung eröffnet, und Ende der zwanziger
Jahre gab es in der Welt sechsunddreißig Millionen Autos. Seit
Mitte des Jahrzehnts galt der Flugverkehr zwischen den Haupt-
städten als selbstverständlich.

Jene Jahre waren auch die Zeit der neuen Massenmedien. Der
Rundfunk hatte sich Ende der Zwanziger zu einer Macht entwik-
kelt, die kulturelle und politische Prozesse wesentlich mit-
formte. In der Mitte des Jahrzehnts wurde der Gloriapalast eröffnet, 1927 gab es den ersten Tonfilm in Amerika und 1930
zählte die Welt zweihundertfünfzig Millionen Kinobesucher. Avantgardistische Zeitschriften gab es zuhauf; oft verschwanden sie
so schnell, wie sie entstanden waren. 1928 konnte man in Berlin
2 633 verschiedene Zeitungen und Zeitschriften lesen. Es stieg
jedoch auch die Lektüre von Groschenliteratur und Kitschromanen.
Die resignative Flucht aus der Gegenwart, die keine Zukunft zu
haben schien, ließ Hedwig Courths-Mahler immer schneller schreiben (1920 waren es vierzehn Bücher mit je etwa dreihundert Seiten!) und Romane wie "Opfer der Liebe" oder "Da sah ich eine
blonde Frau" zu alltäglicher Kost werden.

Zunehmende Technisierung zog das Aufbrechen biederer Häus-
lichkeit nach sich, die Veränderung der Lebensweise, der sinn-
lichen Welt. Wachsende Mobilität förderte die Möglichkeit der
"massenhaften" Teilnahme an politischen, gesellschaftlichen und
kulturellen Ereignissen. Amerika galt als Leitbild - hier wur-
dne 1923 49 Prozent aller in der Welt hergestellten Fertigwaren
produziert. Man sah Amerika "... als eine nüchterne, geplante,
durchrationalisierte Industrie- und Leistungsgesellschaft, deren
Lebensstandard dem aller anderen Länder in der Welt haushoch
überlegen sei. Hier glaubte man eine wohlfunktionierende Demokratie mit voll ausgebildeter Massenkultur vor Augen zu haben..."[1] Man kultivierte die Illusion, in den USA gäbe es kaum
noch Klassen und Schichten, Kapital und Arbeit sei kein absoluter Gegensatz mehr, jeder habe sein Häuschen, sein Auto -
Freiheit.

Der Gedanke einer homogenisierten Gesellschaft auch in
Deutschland äußerte sich unter anderem im Streben nach einer
Allgemein-Kunst und der Popularisierung des Sports. Man sprach
weniger von Klassen, es gab lediglich unterschiedliche Alters-
gruppen oder Generationen. "Nur in einer Gesellschaft, die nicht
mehr auf Repräsentation, sondern auf sachliche Verbesserung von
Wirtschaft und Staat bedacht sei, behauptete man immer wieder,
könne sich ein wahrhaft demokratischer Geist entwickeln."[2]

Mit der Technisierung ging eine Versachlichung des Lebens auf
nahezu allen Gebieten einher. Begehrt waren nun der sportliche
Mann mit Tempo, der Ingenieur mit Weitblick, der Chauffeur- und
Lindbergh-Typ, die selbstbewußte, gutaussehende berufstätige
Frau mit Pfiff, die knackige Tennisspielerin, das Revuegirl, der
Flapper-Typ.

Versachlichung wurde auch auf die Erotik übertragen. Das moderne Liebesleben bestand aus kleinen Erlebnissen, die Genuß
ohne Reue boten, die "pluralistisch-demokratische Ungebundenheit" apostrophierten. Mit dem immer schnelleren Verfall der
aus der Vorkriegszeit noch vertrauten Stabilität des Seins wuchs
nicht nur Resignation, sondern auch ein bisher nur unbewußt ge-
spürter, verdrängter Heißhunger auf Leben: "Man lebt ja nur so
kurze Zeit und ist so lange tot!" Der Tanz auf dem Vulkan machte
jene fiebern, die die Hitze auskosten wollten, ehe die Lava sie
überströmt. Niemand wußte, ob nicht schon morgen seine Existenz
vollends verspielt war. Sexualität, in der Kaiserzeit wohlge-
hütet unter langen Röcken und hinter vorgehaltener Hand, trat
aus der Verbannung hervor. In Nachtklubs, Revuen: Fleisch, mal
billig, mal exklusiv.

Schlager wie:

"Ausgerechnet Bananen verlangt sie von mir",

"Muß es denn, muß es denn gleich die große Liebe sein?
Kann man denn, kann man denn eine Nacht nicht glücklich sein?
Schad' um jeden süßen Blick, den ein Mann verpaßte,
Nimm dir frech dein bißchen Glück, was du hast, das haste!",

"War die erste Frau 'ne Pleite,
Nimm 'ne zweite, nimm 'ne zweite!" oder

15

"Ich möchte einmal, ich möchte zweimal,
Ich möchte dreimal in einer Tour"

waren sowohl Lendenschurz innerlich Erfrorener als auch Opium
sektgurgelnder Hedonisten.

1927 wurde die "Anti-Kuß-Liga" gegründet; man "sportelte
Sexualität" (A. Döblin) und liebte "entgötterten Beischlaf"
(F. Sieburg) - bürgerlicher Gefühlsballast, Sentimentalitäten
wurden aus dem Bett geschubst. Doch: Der Beschluß im Kopf er-
reicht den Bauch noch lange nicht. Aufklärungsliteratur wie
"Kameradschaftsehe", "Die Frau von morgen wie wir sie wünschen"
oder "Ehe zu dritt" wurde zwar verschlungen, jedoch bedarf die
Umwertung moralischer Normen großer Zeiträume, da zu viel reli-
giöse, soziale, ethische, politische Leitbilder prägend sind.
Man frönte also Augenorgien, und die Inflation der Gefühle ließ
Baals Jünger keusche Nacktheit erklimmen - am Ende fand man sich
im frisch gemachten Ehebett.

Der erste Weltkrieg hinterließ zehn Millionen Tote, zweiein-
halb Millionen Hinterbliebene, fast anderthalb Millionen Kriegs-
verletzte, sechshunderttausend Frauen waren Witwen. Die nun laut
Artikel 109 Absatz 2 Gleichberechtigten stürmten den Arbeits-
markt. Die Witwen waren gezwungen, den Unterhalt für sich und
ihre Kinder allein zu bestreiten, während viele verheiratete
Arbeiterinnen mitverdienen mußten, da ihre Männer zu wenig Lohn
erhielten. Die Frauen hatten die Büros erobert, wenngleich auch
meist in zweiter Reihe als Sekretärinnen, Stenotypistinnen,
Kontoristinnen, Telefonistinnen. Der Anteil der weiblichen Studenten vor dem ersten Weltkrieg betrug lediglich 7,5 Prozent,
1931/32 waren es noch 20 Prozent. Erst ab 1920 stand es den
Frauen offen, sich zu habilitieren. Es wurden Richterinnen und
Rechtsanwältinnen ausgebildet. Mitte des Jahrzehnts gab es in
Deutschland etwa hunderttausend Lehrerinnen, 2 572 Ärztinnen,
2 720 Apothekerinnen, rund viertausend Zahnärztinnen und Zahn-
technikerinnen und knapp tausend Chemikerinnen.

Die Abtreibungen in den zwanziger Jahren werden von achthunderttausend auf über eine Million geschätzt. 5 296 Frauen standen 1924 wegen Vergehens gegen den Paragraphen 218 vor Gericht.
Die Gleichberechtigung der Frau sollte sich auch auf die Liebe,

auf ihren Körper erstrecken. Jedoch war weder die Forderung, daß
"zur sofortigen Regelung aller Sexualbeziehungen im international dadaistischen Sinne ... eine dadaistische Geschlechtszen-
trale einzurichten" sei, noch die Feststellung Helene Stöckers,
daß die ideale Frau, der "Harmonietyp", eine Mischung aus Haus-
frau und Dirne ist, halfen weiter. Sie mußten eher als Verhöh-
nung der von einer ungewollten Schwangerschaft Betroffenen klin-
gen.

Aus den beengten Arbeiterwohnungen waren auch in dieser Zeit
die Schlafgänger und Untermieter noch nicht verschwunden.
Typisch war die Zweizimmerwohnung mit Wohnküche und Kammer;
Toilette und Wasseranschluß (oft außerhalb der Wohnung) wurden
nicht selten von mehreren Wohnparteien genutzt. Durch die Wohn-
enge verlängerte sich das Familienleben somit auf Treppenhaus
und Hof. 1922 gab es zweihunderttausend Wohnungssuchende, denen
nicht geholfen werden konnte. Ausrangierte Eisenbahnwaggons,
Holzbaracken, Gartenlauben wurden als Unterkunft genutzt.

Dem standen zwischen 1924 und 1929 Städteplanungskonzepte ge-
meinnütziger Baugenossenschaften gegenüber, die kein Miets-
kasernenviertel mehr entwarfen und bauten, sondern von Grün
durchsetzte Siedlungsanlagen planten. Freiflächen, Parkanlagen,
Sportplätze sollten der Allgemeinheit zugänglich sein, Freizeit
in gesunder Umwelt verbracht werden. Für viele blieb dies jedoch ein unerfülltes Lebenskonzept.

1922 starben in Berlin 7 674 Menschen an Erkältungskrankhei-
ten und 1923 litten 25 Prozent der Bevölkerung an Tuberkulose,
für die Unterernährung, schlechte Wohnverhältnisse, Überanstren-
gung guter Nährboden war. Von September bis Dezember 1922
gab es 502 Selbstmorde in der Reichshauptstadt.

Der Leiter der Allgemeinen Ortskrankenkasse von Groß-Berlin
ließ 1919/20 von seinen Mitarbeitern Notizen über ihre Kranken-
besuche anfertigen: "Wir mußten uns überzeugen, wie sich in en-
gen, meist nicht durchlüftbaren Räumen immer mehr Menschen zu-
sammendrängen. Gesunde und Kranke; Kranke, die eine Gefahr für
ihre Umgebung bilden und die in solchen Verhältnissen nicht
genesen können. Wir haben erlebt, daß Kellerräume wieder für

Wohnzwecke geöffnet wurden, die Jahre vorher als für menschliche
Wohnungen ungeeignet bezeichnet waren. Wir haben Dachwohnungen
im fünften oder sechsten Stockwerk entstehen sehen, die nicht or-
ganisch mit dem Bau verbunden waren und welche den Einflüssen
von Hitze und Kälte leicht ausgesetzt sind. Wir fanden kranke
Menschen in immer größerer Zahl in Räumen, die dunkel und feucht
waren, und sahen Patienten mit Rheuma oder mit Erkrankungen der
Atmungsorgane in Stuben, die gar nicht oder nur recht unzweck-
mäßig beheizt werden konnten. Wir mußten uns überzeugen, daß
vielfach die Abortverhältnisse noch schlechter und ungenügender
wurden als vorher und die Gesundheit der Benutzer in hohem Maße
gefährdeten. Wir haben wieder feststellen müssen, daß die Bet-
tennot furchtbar geworden ist und daß Ordnung und Reinlichkeit
durch die Überfüllung der Räume vielfach sehr gelitten haben."[3]

Die "Flucht ins Freie" war nur folgerichtig. Erholung und
Vergnügen durften nicht viel kosten. So war der Sonntagsausflug
in die Natur, mit belegten Broten im Beutel, immer noch eine der
beliebtesten Abwechslungen. Doch auch die zahlreichen Vergnü-
gungsstätten Berlins zogen Tausende magisch an. Hier wurde Alltag vergessenmachende Illusion geboten. 1922 übernahm Eric Cha-
rell die künstlerische Leitung eines "Lunapark-Balletts"; Claire
Waldoff, Max Schmeling waren hier zu finden. Der Eintritt betrug 75 Pfennige (1924 Sonntags frei). Kinder jedoch, deren
Geld nicht ausreichte, sangen vor den Kassen:

> "Geh nicht in den Lunapark,
> da ist's nicht geheuer,
> Kasperspiel ist blöd und karg,
> Wein und Bier sehr teuer."

1927 wurde "Coney Island", unter anderem von Max Pechstein und
Rudolf Belling ausgestaltet, erbaut. "Sie verwandelten die Schau-
buden, Karussells und Parkanlagen in ein Spielfeld expressionistischer Architektur und surrealistischen Designs. Verschwende-
risch gingen sie um mit buntem Glas, sie falteten Wände und
Dächer zu kubistischen Plastiken, und selbst die Geisterbahn erhielt unter ihren Händen einen futuristischen Anklang ... Eine
'Shimmy-Treppe' mußte her, als der neue Tanz Furore zu machen
begann. Eine Sternwarte erlaubte den Blick ins All. 1924 entstand ein 'Radio-Haus' auf dem Gelände am Halensee. Zur 'Funk-

stunde' am 6. August 1927 strömten allein achtundsechzigtausend
Besucher. Im Jahr zuvor war die 'Riesenleuchtfontänen-Wasser-
orgel' von der Pariser Weltausstellung herübergebracht worden,
und die längste Rolltreppe Europas beförderte auf ihren zwei-
undzwanzig Metern achttausend Menschen in der Stunde. Das Ter-
rassenrestaurant bot vierzehntausend Hungrigen Platz. Noch einige Superlativen mehr: Der 'eiserne See' besaß einen Flächen-
inhalt von fünfzehntausend Quadratmetern, die Rodel- und Bob-
sleighbahn war fünfunddreißig Meter hoch und hundertfünfund-
zwanzig Meter lang. Zweitausendfünfhundert Angestellte sorgten
dafür, daß die Vergnügungsmaschinerie nie stillstand."[4]

Aber auch andernorts amüsierte man sich. So wurde 1920 beim
Bockbierfest in der "Neuen Welt" in der Hasenheide (Neukölln)
der tiefste Rückenausschnitt prämiiert. Die Jury, bestehend aus
graumelierten mittelalterlichen bis sehr reifen Herren, konnte
für den Ersten Preis einen 42 cm tiefen Ausschnitt ermitteln.

Der Illusion des Andersseins, des Durchbrechens aufgezwunge-
ner und längst angenommener Verkrustungen gab man sich in Lau-
benkolonien, bei Tanz und Schwof hin. Man wollte dem Mief der
Fabriken und der häuslichen Schwere entfliehen.

Die Inflation versetzte der noch vom Krieg und seinen Folgen
betroffenen Bevölkerung einen weiteren Stoß. "Die Kinder spielten auf der Straße 'Inflation':

> Eins, zwei, drei, vier, fünf
> Millionen,
> meine Mutter die kauft Bohnen,
> zehn Milliarden kost' das Pfund,
> und
> ohne Speck,
> du bist weg."[4]

Selbst in den Theatern wurde der Eintritt durch Naturalien ge-
regelt. Wollte man im Schloßpark-Theater das "Weiße Rößl" sehen,
so mußte man für den billigsten Platz zwei Eier, für den teuer-
sten ein Pfund Butter entrichten.

Man lebte aus dem Augenblick heraus, für den Augenblick; das
Leben zu planen glich eher einer traumgebärenden "Negation der
Realität". Jedermann spekulierte, doch nur wenige brachten es
zur Meisterschaft. Namen wie Hugo Stinnes oder Max Klante, der

in Karlshorst in der Villa "Röschen" residierte, sich mit "Heil" und dem "Max-Klante-Marsch" begrüßen ließ, sind bekannt.

Berlin war zu einem Sammelpunkt für Intellektuelle geworden. "Wie in den meisten großen Städten, so trafen sich in Berlin um das Jahr 1920 die Kräfte, die das optische Weltbild über die bisher bekannten Grenzen zu erweitern suchten. Fast alle wichtigen Bewegungen tauchen aus dem Dunkel auf."[6]

Man traf sich unter anderem im "Romanischen Café". Im vorderen Raum, dem "Nichtschwimmerbassin", die unbekannten, im hinteren, dem "Schwimmerbassin", die arrivierten Größen: Slevogt, Dix, Pechstein, Klabund, Weisenborn, Leonhard Frank, Ringelnatz, Billy Wilder, der Verleger Rowohlt ... Es wurde diskutiert, Pläne wurden geschmiedet. Doch die Resignation hielt auch hier Einzug. Tucholsky schrieb schon 1923: "Ich habe Erfolg. Aber ich habe keinerlei Wirkung."[7] Dem Glauben an die Macht des Geistes folgte die Erkenntnis einer unerbittlichen Ohnmacht.

Was in den Künsten zum Tragen kam, war zum großen Teil schon vor dem ersten Weltkrieg, vor 1918 entstanden. Die Dadaisten blieben ihrem Motto "Die Beleidigung ist wirksamer als das Kompliment" treu, der neue Mensch des Expressionismus, der aufbrach, um sich selbst zu entdecken, sprang weiterhin von Bühne zu Bühne, um mit lautem Aufschrei in der Stille zu verharren. Film, Schallplatte und Radio erreichten die Masse der Bevölkerung. Die neue Technik ermöglichte es, sich Unterhaltung ins Haus zu holen. Aber auch Bauhaus, Konstruktivismus, Neue Sachlichkeit ... traten in den Alltag - die Verquickung von Musik, bildender Kunst und Werbung tat ein übriges.

Die Kriegs- und Nachkriegserfahrungen hatten massenhaft ein potentielles Publikum erzeugt, welches seinen "Nachholebedarf an Leben" in gesteigerten Vergnügungs- und Unterhaltungsbedürfnissen zu kompensieren suchte.

Zum bürgerlichen Unterhaltungsangebot der zwanziger Jahre gehörten auch die vielen Kabaretts. Nach dem ersten Weltkrieg entstanden sie zuhauf: 1922 gab es etwa vierzig in Berlin. Überwiegend waren es Stätten des Amüsements. Obwohl die polizeiliche Vorzensur aufgehoben war - eine wichtige Errungenschaft der Novemberrevolution -, bildete zeitkritisches Theater eher eine Ausnahme.

Peter Brock hat darauf verwiesen, daß das französische Wort
für Publikum "assistance" ist. "Die Zuschauer assistieren dem
Schauspieler, und zur selben Zeit kommt dem Publikum von der
Bühne eine Assistenz zurück."[8] Sicherlich sind hier ideale Thea-
terverhältnisse beschrieben, jedoch sei auch an Traditionen erinnert, die bis ins 15. Jahrhundert zurückreichen: Karneval,
Jahrmarktsspiel, Commedia dell'arte, Comédie Italienne. Ihre
Struktur, ihr Umgang mit dem Publikum zielte auf eine unmittel-
bare Kommunikation zwischen Akteur und Zuschauer; es waren wich-
tige Formen demokratischen Verhaltens, die die Beteiligung aller
einforderten. Das erklärt, daß sich nach der Oktoberrevolution
Theaterleute wie Wachtangow, Meyerhold, Eisenstein oder Piscator
mit Volkstheatertraditionen auseinandersetzten. Theater sollte
wieder, besonders für die Arbeiterklasse, ein künstlerisches
Verständigungsorgan über gesellschaftliche Verhältnisse werden,
Bestandteil des ideologischen und politischen Kampfes. Dieses
Funktionsverständnis impliziert die Bedeutung, die dem Publikum
theoretisch wie praktisch beigemessen wurde.

Die Beziehung zwischen Akteur und Zuschauer ist auch für das
Kabarett eine wesentliche Frage, da hier Kommunikation in besonderer Weise auf vorhandenen Erfahrungen der sozialen, politischen und kulturellen Lebenspraxis des Publikums aufbaut, Verkürzungen und Auslassungen den Umgang zwischen Darsteller und
Publikum bedingen. In den Stätten des leichten Amüsements allerdings ging man davon aus, daß die zu erwartenden Besucher nichts
weiter wollten als ihre Alltagsrealität kompensieren und gesell-
schaftlich vermittelten Traumbildern nachhängen. Da Verbote wegen "Gefährdung der Sittlichkeit" nicht mehr zu befürchten waren, wurde vielerorts die Ästhetik des weiblichen Körpers gna-
denlos entblättert: " ... und ich klatsch' auf deinen Rücken
den Applaus: Zieh dich aus, Petronella, zieh dich aus!" Für
sein Geld sollte man auch etwas geboten bekommen, und zwar kein
kopflastiges Geschwätz. Der Conférencier pries zu erwartende
Sinnesfreuden, flocht einiges Deutsch-Patriotisches ein, und
das Publikum war froh, daß alles so billig zu haben war. 1923
sah sich die Preußische Regierung gezwungen, eine "Einschränkung der Vergnügungs- und Genußsucht" zu verfügen.

Ebenfalls als Kabaretts bezeichneten sich Amüsements, die sich in den Arbeiterbezirken der Großstädte ausbreiteten. Man sah hier Schnellzeichner, "türkische" Künstlerinnen, tanzende Hunde, hörte schauerliche Dichtung, Mundharmonika-Solo, mit Beleuchtungseffekt und favorisierte linkische Grazie mondäner Dorfschönheiten.

Anders verhielt es sich mit den literarisch-politischen Kabaretts; sie suchten die Auseinandersetzung mit der Gesellschaft. Mehring, Tucholsky, Klabund, Hollaender, Werner Richard Heymann, um nur einige zu nennen, trafen sich in Reinhardts zweitem "Schall und Rauch". Man wandte sich Zeitereignissen zu: "Wenn der alte Motor wieder tackt", "Die Politik kam auf den Hund", "Rote Melodie".

Fortschrittliches zeitkritisches Kabarett sah man auch in Rosa Valettis "Größenwahn", Trude Hesterbergs "Wilder Bühne", im "Künstler-Kaffee". Lieder wie "Berlin simultan", "Roter Feuerwehrmann", "Das Leibregiment", "Legende vom toten Soldaten", "Die Hure Presse", "Börsenlied", "Dressur" gehörten zum Repertoire. Als Rosa Valetti 1920 das Kabarett "Größenwahn" im Café des Westens eröffnete, konnte man für 24 bis 40 Mark am Geschehen teilhaben, und für 10 Mark gab es einen Sacharin-Tee. Man holte den Montmartre ins Haus, Lieder Walter Mehrings wurden vorgetragen. 1923 hob sie die "Rampe" aus der Taufe. 1925 übernahm Harry Lamberts-Paulsen dieses Kabarett, in dem nun auch Erich Weinert auftrat: "Achtung, es geht um Leben und Tod eines ganzen Geschlechts! Arbeiter, Brüder: Der Feind steht rechts!" Weinert ging über eine Milieuschilderung, wie sie in Hollaenders "Groschenlied" oder Mehrings "An den Kanälen" anzutreffen war, hinaus.

1921 gab es in der "Wilden Bühne" ebenfalls Literarisch-Politisches von und für Künstler. Die Premiere fand vor geladenem Publikum statt. Im intimen Theatersaal mit stoffbespannten Wänden, Seidendamastvorhang konnte man ein sozialkritisches Programm sehen und einen Hauch von Bohème atmen.

Das "Künstler-Kaffee" war Treffpunkt junger Sänger, Schriftsteller und Schauspieler. Wieder wurde Tucholskys "Rote Melodie" gesungen, Wedekinds "Erdgeist" und Schnogs "Neutrum" vorgetragen. Die soziale Wirklichkeit forderte jedoch immer eindringlicher

zur Stellungnahme auf. "Verulkte Erich Weinert zuerst höchst
geistreich akademischen Hochmut, stures Spießertum und doppelte
bürgerliche Moral, so wurde er schließlich eindeutig und unmiß-
verständlich in seinen Abrechnungen mit dieser traurigen Hinden-
burg-Republik und all ihren erzreaktionären Erscheinungen. Er
rechnete ab. Waren erst brave Bürger, junge Pärchen und amüsierte Spießer ins "Küka" gekommen, so wandelte sich dank Weinert
das Publikum mit jedem Tag: Fortschrittliche Studenten, Künstler, Politiker drängten sich hier und jubelten Erich zu. Aus dem
bunten Vergnügungsbums war eine politische Tribüne geworden."[9]

Die Kritik am Bestehenden paarte sich mehr und mehr mit dem
Erkennen der Rolle der Arbeiterklasse. Die genannten Lieder und
Texte stehen dafür. Jedoch, die Arbeiterklasse wurde zwar als
zukunftsträchtig begriffen, aber vor der Tür stehengelassen. In
den fortschrittlichen Kabaretts fand weitgehend der Versuch
einer Selbstverständigung statt - die Eintrittspreise, die späten
Anfangszeiten verweisen darauf. Ob hierbei der bereits erwähnte,
vom amerikanischen Leitbild geprägte Gedanke einer weitgehend
homogenisierten Gesellschaft eine Rolle spielte, bleibt zu vermuten. Im April 1926 schrieb beispielsweise Siegfried Kracauer
in der "Frankfurter Zeitung" vom " ... homogenen Weltstadt-Pu-
blikum Berlins, das vom Bankdirektor bis zum Handlungsgehilfen,
von der Diva bis zur Stenotypistin eines Sinnes ist." Angeblich
gab es ein einheitliches Publikum, welches die gleichen Vergnü-
gungen und Entspannungen suchte.

In Erich Carows "Lachbühne" am Weinbergsweg 20, im ehemaligen
Tunnel des Walhalla-Theaters, fand sich das Publikum des Berliner Nordens ein. Kleinbürger und Fabrikarbeiter hatten hier
ein Zuhause. "Das Theater war ein langer Schlauch, der, mit
Tischen und Stühlen ausgestattet, 1 600 Besuchern Platz bot. In
der Mitte der einen Längsseite stand die Bühne. Ihr gegenüber
befand sich eine 'Weinterrasse'. Sie war für Leute, die bereit
waren, über eine Brause, eine Molle oder eine Bockwurst hinaus
etwas 'Feineres' zu sich zu nehmen."[10] Carow kannte sein Publikum, das Arbeitermilieu und den täglichen Kleinkampf. Selbst
neuntes Kind einer Berliner Waschfrau, schlug er sich als Schrip-
penjunge, Süßigkeitenverkäufer und Clown bei Kinderfesten durch.

Dann ging er zum Wanderzirkus, wurde Streichbassist, Tanzkomiker, Exzentrik-Kapellmeister mit gelegentlichem Salto über den Flügel.

Der Eintritt zur "Lachbühne" betrug 60 Pfennige, Sonntags 1 Mark, und es wurde das ganze Jahr über gespielt, von 18.30 Uhr bis Mitternacht. "Es ist mein Bestreben, meinen verehrten Gästen ... Stunden der Entspannung, Freude und Unterhaltung zu bieten, um ihnen die Sorgen des Alltags vergessen zu machen", so Carows Devise. Ein Blick in das "Lachbühnen"-Programm vom 16. bis 31. August 1927 (jeden 1. und 16. des Monats wurde das Programm gewechselt) zeigt, welche Art Unterhaltung geboten wurde.

I. Teil:
1. Konzert des Hausorchesters unter Leitung des Kapellmeisters Willy Schreiber
2. a) "Spinn, Spinn", Quartett a capella
   b) "Lustige Brüder", humoristisches Potpourri von Zehr, gesungen vom Haus-Quartett
3. Carmen Schirmer, Kunsttänzerin
4. Lona Nansen, Meisterin der Vortragskunst
5. 2 Leftons, die eleganten Pflegmatiker
6. Fredy Sieg, Komiker
- Pause -
II. Teil:
7. "Gesangsverein 'Rotkehlchen' auf Landpartie", humoristisches Gesangsspiel verfaßt und zusammengestellt von Fredy Sieg, musikalisch illustriert von Theodor Zehr

Blöker	Karl Müller
Plärrer	Kurt Hohenfels
Piper	Erich Mühl
Schmachter	Walter Tretschock
Heinrich, Kellner	Fredy Sieg

8. 2 Gigants in ihren kraftsportlichen Höchstleistungen
9. Erich Carow
10. Marietta, Lichtvision im Märchenland der Farben
- Pause -
III. Teil:
11. "Lehmann macht's", urkomischer Varietéakt

24

Vogel, Kaufmann	Eduard Waldheim
Heimchen, Buchhalter	Fredy Sieg
Heitmann, Kaufmann aus Hamburg	Karl Müller
Lehmann, Hausdiener bei Vogel	Erich Carow

Die Anziehungskarft, die Carows "Lachbühne" mehr und mehr auch
auf Besucher aus dem Berliner Westen ausübte, ist aus den ge-
nannten Programmteilen kaum zu erklären. Viele waren dort (u. a.
Heinrich Mann, Trude Hesterberg, Kurt Tucholsky, Kurt Pinthus,
Henny Porten, Walter Hasenclever, Carola Neher, Max Pallenberg)
und haben mit Bewunderung, aber auch mit einem Schuß Ironie über
Lucie und Erich Carows Auftritte geschrieben. Was auf den ersten
Blick nur wie Klamotte aussieht, verwandelte sich bei Carows
Auftritt zu großer Komik; er muß einer der Besten dieses Fachs
gewesen sein. Nicht umsonst wurde er "preußischer Valentin",
"deutscher Chaplin", "Schwejk des Berliner Nordens" oder "Pallenberg der Peripherie" genannt. Man lachte "... über seine unver-
schämten Witze und Wortspiele, über sein Schielen und Maulver-
zerren, kreischte, wenn Carow aus wildester Erregung in die
große Pauke stürzte oder wenn er, jäh und jähzornig von der
Bühne springend, den Zuschauern die mitgebrachten Stullen weg-
riß, um sie unter seine Musiker zu verteilen, schimpfend, näch-
stens würde man auch noch den Kaffee in Thermosflaschen mit-
bringen und seine Frau Lucie am Buffet zwischen ihren Broten
brotlos werden lassen."[11] Aber nicht nur das. Er war auch leise,
wie Tucholsky schrieb: "Er ist ganz leise und federleicht und in
den gröbsten Momenten, gerade in denen, zart."[12] "Familienidyll
in Berlin N.", "Frau Feldwebel", "Das Faktotum", in jedem
Sketsch Aufbegehren des Gebeutelten, der sich schließlich doch
nicht als so hilflos erweist gegen übermächtig Erscheinendes –
mal die Ehefrau, mal der Feldwebel, mal der Generaldirektor.
Von Selbstironie begleitet, stand nicht nur Carow fragend neben
seinen Helden, auch das Publikum erkannte sich. Nachdenklich-
keit durchzog unbändiges Gelächter, Ideale wurden der Dummheit
überführt.

Obwohl Carow berichtete, daß die Polizei sein Auftreten im
"Café Skandinavia" 1914 verbot, da es zu komisch für die "große
Zeit" sei, ging es ihm nie um "große Politik". Soziale Wirklich-
keit und Widrigkeiten hielten in seinen Programmen Einzug. Ende

der zwanziger Jahre sang er das "Stempellied", ein unpolitisch-
resignatives Resümee eines Berliner Arbeitslosen:

> "Ick jeh stempeln, ick jeh stempeln,
> denn ick habe nischt zu pempeln.
> Ick schieb meinen Kohldampf.
> Wat kümmert mir der politje Kampf?!
> Ob de Sanktion' noch besteh'n ,
> obs Kabinett läßt eenen jehn,
> ob sie die janze Welt umkrempeln:
> ick jeh stempeln, ick jeh stempeln."

In der 1929 von Werner Finck und Hans Deppe eröffneten "Katakombe" wurde ebenfalls ein "Stempellied" gesungen, doch ein an-
deres. Ernst Busch trug es vor, wie auch "Anna-Luise". Hier hörte man Texte von Arno Holz, Paul Scheerbart, Tucholsky, Mehring,
Kästner. Ein Zeitzeuge berichtet, daß die Vorstellungen im Berliner Künstlerkeller in der Bellevuestraße um 22.30 Uhr begannen und 3 Mark Eintritt kosteten. Ab Mitternacht gab es Erbsen-
suppe. "Man wollte auch Jugendliche in die Katakombe als Besucher bekommen. Es war damals ein Preis von 3 Mark, der für
Jugendliche u. a. kaum erschwinglich war, es war die Zeit der
Arbeitslosigkeit usw. und vor allen Dingen, was 1/2 11 h(abends)
anfing und um 1 h (nachts) aus war, das war ja für einen norma-
len Menschen nicht zugänglich ... Das war so um die Zeit 30/32.
Dann haben wir also mit Werner Finck verhandelt, daß er kaba-
rettistische Nachmittage zu einer Mark Eintrittspreis veran-
stalten sollte."[13]

In der Katakombe wurde auf politische Ereignisse reagiert.
Finck: "In den ersten Wochen des Dritten Reiches werden Paraden
abgehalten. Sollten diese Paraden durch Regen, Hagel oder Schnee
verhindert werden, werden alle Juden in der Umgebung erschossen!'
Jedoch gab es Auseinandersetzungen zwischen den Mitgliedern über
die politische Zielsetzung des Kabaretts. Ende 1930 verließen
Ernst Busch, Hanns Eisler, Kate Kühl und Hans Deppe die "Katakombe". Rückblickend erinnert sich Werner Finck: "Wir haben
mit der Katakombe einen Fehler gemacht. Wir gingen nicht in die
Politik hinein. Das war Inzucht. Draußen zogen die SA, die

Wirklichkeit - in dem Moment hätten wir die Katakombe zumachen
sollen. Hätten auch in die Versammlungen gehen müssen."[14]

Der Stammsitz der von Leon Hirsch gegründeten "Wespen" war
der "Hackebär" in der Nähe des Alexanderplatzes. Hier traf man
vorwiegend Arbeiter, die man sich als Publikum wünschte, "...
weil es sich lohnt, vor Menschen zu sprechen, die zwar keinen
Kragen, aber eine Idee mit sich tragen"[15]. Hirsch wollte "...
den stärksten unter den tingelnden Schauspielern, dem Graetz,
der Kühl, dem Vallentin, der Valetti in den von uns okkupierten
Budiken Gelegenheit geben, einmal vor dem Publikum zu mimen, das
sonst nicht zu ihnen kommen kann"[16]. Die Mitglieder der "Wespen",
zu denen Erich Weinert und Karl Schnog gehörten, zogen jedoch
auch durch verschiedene Berliner Lokale und traten bei Veran-
staltungen der KPD auf.

Es wären noch viele Kabaretts zu nennen, mit unterschiedlicher
Struktur und Anliegen. In den genannten Bühnen, die sich politisch engagierten, blieb man im wesentlichen unter sich. Künstler waren auf der Suche nach politischem Standpunkt, es ging um
Selbstverständigung. Die Rezeption oder Nichtrezeption opposi-
tionellen, politischen Kabaretts war jedoch nicht zuletzt durch
die soziale Wirklichkeit geprägt. Da soziale Herkunft unterschiedliche Arbeits- und Lebensverhältnisse bedingt, ist sie
eine wesentliche Determinante der Existenzbedingungen und Er-
fahrungsbereiche eines Menschen. Nur wenige sind in der Lage,
das Zeitbudget der Gesellschaft zu durchbrechen und somit kul-
turell-künstlerische Kommunikationsweisen zu alltäglicher Ver-
kehrsform ihrer Lebenspraxis werden zu lassen. Jürgen Kuczinsky
hat darauf verwiesen, daß der Arbeitstag in Betrieb und Haus-
halt für verheiratete Industriearbeiterinnen in den zwanziger
Jahren bis zu neunzehn Stunden betrug. Es deshalb nur folgerichtig, daß literarisch-politische Kabaretts nicht vorrangig
für ein proletarisches Publikum dasein konnten. Das soziale Ge-
füge, in dem sich die nun mehr und mehr "entdeckte" Arbeiterklasse befand, war bürgerlich-fortschrittlichen Kabarettmitglie-
dern entweder unbekannt oder wurde übersehen. Weder die Eintrittspreise, noch der Vorstellungsbeginn, noch die Ausstattung
lassen darauf schließen, daß ein Arbeiter-Publikum gewonnen werden sollte.

Erst mit den proletarisch-revolutionären Spieltrupps war ein
Feld des Öffnens und Auseinandersetzens, des Mitmachens für brei-
tere gesellschaftliche Schichten, vor allem der Arbeiterklasse,
gegeben. Zu welchen Ergebnissen das führte, sei zunächst dahin-
gestellt. Nur soviel: Ein massenhaftes Erreichen von Publikum
war durch die Auftrittspraxis proletarischer Spieltrupps gegeben. Doch war hiermit die Frage nach demokratischem Verhalten
nicht automatisch gelöst. Es ist zu hinterfragen, ob beispielsweise die Verwendung von Sprechtüten und somit das "Anbrüllen"
des Publikums, das plakative Ausstellen von Verhaltens- und
Denkmustern nicht eher angelegt war, lebendige Reaktion zu verhindern. Und dennoch waren sie Versuche kollektiven, demokratischen Theaters, auch dann, wenn verwendete ästhetische Mittel
heute eher zweifelhaft erscheinen. Wenn zum Beispiel rotes Licht
nun nicht mehr infantiles Lächeln exklusiver Weiblichkeit um-
flutete, dafür aber junge Leute, die mit geballten Fäusten und
Gesichtern die "Internationale" sangen.[17] Der Abgrund der Lä-
cherlichkeit war nur einen halben Schritt entfernt.

Um dem Phänomen demokratischen Verhaltens, der Beziehung
zwischen Akteur und Publikum näherzukommen, muß davon ausgegan-
gen werden, daß es in komplexen Gesellschaften keine Möglichkeit gibt, sich dialogisch für alle zu öffnen. Objektiv gleiche
gesellschaftliche Realität impliziert nicht automatisch die
gleiche subjektive Erfahrenheit und Bewertung dieser Situation,
weder innerhalb einer Klasse und schon gar nicht bei unterschiedlichen Klassen und Schichten. Wenn die Begriffe Zeit –
Masse – Experiment zur Charakteristik der zwanziger Jahre gehören, so waren die Veränderungen der Lebenspraxis zwar für jeden zu spüren, jedoch in unterschiedlichem Grade unmittelbar er-
fahrbar. Die Differenziertheit der Gesellschaft schloß auch das
"vergoldete Lebensgefühl" ein, welches aber nur bestimmten sozialen Schichten zugänglich war.

Anmerkungen

1   Jost Hermand und Frank Trommler: Die Kultur der Weimarer
    Republik, München 1978, S. 50.

2   Ebenda S. 61.

3   Barbara Beuys: Familienleben in Deutschland, Reinbek bei
    Hamburg 1980, S. 453.

4   Ingrid Heinrich-Jost: Wer will noch mal? Wer hat noch nicht?,
    Berlin (West) 1985, S. 71.

5   Hermann Behr: Die goldenen zwanziger Jahre, Hamburg 1964,
    S. 65.

6   Sigfried Giedion: Berlin 1920, in Krisztina Passuh: Moholy-
    Nagy, Budapest/Dresden 1987, S. 442.

7   Kurt Tucholsky am 10. 1. 1923 an Hans Schönlank, in Kurt
    Tucholsky: Briefe, Auswahl 1913 bis 1935, Berlin 1983,
    S. 120.

8   Peter Brock: Der leere Raum, Hamburg 1969, S. 163.

9   Karl Schnog in Rudolf Hösch: Kabarett von gestern, Bd. 1,
    Berlin 1967, S. 230.

10 Werner Meidow: Der fröhliche Weinbergsweg, in Werner Radig:
    Alte Dorfkerne in Berlin und andere Beiträge, Miniaturen
    zur Geschichte, Kultur und Denkmalpflege Berlins, Berlin
    1983, S. 84.

11 Kurt Pinthus: Carows Komik, in Manfred Georg und Peter
    Schaeffers: Erich Carow - Karriere eines Berliner Volks-
    komikers, Berlin 1930, S. 48.

12 Peter Panter: Der Rekrut, ebenda S. 44.

13 Die ersten Programme der Katakombe - ein Zeitzeuge berich-
    tet, in Christiane Faber und Walburga Steinki: Unterhaltung
    um 1933, Berlin (West) 1983, S. 231.

14 Heinz Greul: Bretter, die die Zeit bedeuten, Köln/Berlin
    1967, S. 312.

15 Wolfgang U. Schütte: Mit Stacheln und Stichen, Beiträge
    zur Geschichte der Berliner Brettl-Truppe "Die Wespen"
    1929-1933, Leipzig 1987, S. 20.

16 Ebenda S. 22.

17 Vgl. hierzu Herbert Kleye: Die junge Garde, in Daniel Hoff-
    mann-Ostwald: Auf der roten Rampe, Berlin 1963, S. 14, 18.

Eberhardt Klemm

Stefan Wolpe - ein fast vergessener Berliner Komponist

Wolpe und Eisler I

Sowohl Stefan Wolpe als auch Wladimir Vogel berührten sich Ende
der zwanziger Jahre mit den kulturpolitischen Intentionen Hanns
Eislers, ohne daß sie dessen Musikstil nachgeahmt hätten. Alle
drei lebten damals in Berlin: Wolpe, der Jüngste von ihnen, war
Berliner, die anderen Wahlberliner; Vogel lebte hier seit 1919,
Eisler seit 1925. Im Gegensatz zu Vogel, über den Eisler aus
Anlaß einer Aufführung der zwei Orchesteretüden ein anerkennen-
des Feuilleton schrieb[1], kommt der Name Wolpes in Eislers Schrif-
ten nicht vor. Es muß aber zu zahlreichen Begegnungen zwischen
Eisler und Wolpe gekommen sein: zunächst in den Konzerten der
"Novembergruppe", dann bei Meetings verschiedener politischer
Organisationen wie der Internationalen Arbeiterhilfe, der Inter-
essengemeinschaft für Arbeiterkultur, des Arbeitertheaterbundes
Deutschland, der Kampfgemeinschaft der Arbeitersänger.

Zuweilen liest man, Wolpe sei ein Schüler Eislers gewesen.[2]
Das läßt sich aber allenfalls im übertragenen Sinn behaupten:
Eisler galt den fortschrittlichsten jungen Komponisten in
Deutschland als der führende Kopf der politisch orientierten
musikalischen Erneuerungsbewegung. Seinem Beispiel sind - neben
Wolpe und Vogel - auch andere Talente gefolgt: sein Mitschüler
bei Schönberg Karl Rankl, dann Ernst Hermann Meyer, Karl Voll-
mer, Imre Weisshaus, die Schönberg-Schüler Hansjörg Dammert,
Bernd Bergel und andere.

Wolpe war gewiß kein Vielschreiber wie etwa Paul Hindemith
oder Ernst Krenek. Dafür war er viel zu skrupulös und kritisch
eingestellt. So ließ er zahlreiche - heute meist verschollene -
Werke nicht gelten, weil sie seinen künstlerischen Ansprüchen
nicht mehr genügten - anders als Eisler, der seine frühe Produktion eine Zeitlang ablehnte, weil sie noch "bürgerlich" war.

Abgesehen von Wolpes Klavierstücken und Liedern, die ab Mitte
der zwanziger Jahre ab und zu in Berlin zu hören waren, wurde
kurz nach 1930 seine Musik zu Gustav von Wangenheims Stücken
"Die Mausefalle" und "Da liegt der Hund begraben" bekannt; ja
als musikalischer Mitarbeiter des Schauspieler-Ensembles "Truppe 31" erlangte er für kurze Zeit sogar eine gewisse Berühmt-
heit. Schon hier - und nicht erst später, wie man meist liest -
war Wolpe eine ausgeprägte Persönlichkeit und seine "angewandte" Musik unterscheidet sich von der Eislers schon ganz erheblich. Inge von Wangenheim - wir kommen auf sie zurück - ver-
gröbert freilich die Unterschiede zwischen beiden Komponisten,
wenn sie in ihrem Buch "Die tickende Bratpfanne" schreibt: "Im
Gegensatz zu Eisler, dem Meister der kleinen Form und Besetzung,
war Wolpe ein Souverän auf dem Gebiet der großen Chor- und Orchestermusik."[3]

Obwohl auf einem anderen Blatt stehend, sei erwähnt, daß Wolpe nach seiner Emigration aus Deutschland 1933 eine Zeitlang bei
Anton Webern studierte und im persönlichen Kontakt stand zu Hermann Scherchen. Es kann vermutet werden, daß Wolpe 1933 - illu-
sionlos - einen notwendigen Bruch seiner bisherigen Entwicklung erkannt hat und einen Neuanfang suchte. Weberns Musikdenken,
mehr noch seine Musik waren Wolpe durchaus etwas Fremdes; sie
verhalfen ihm aber zu einer rationaleren Kompositionsweise, die
er brauchte, um etwas Neues zu machen.

Zweierlei Erinnerung

Ich hatte das Glück, Ende der fünfziger Jahre Wolpe mehrmals bei
den Darmstädter Ferienkursen für Neue Musik zu sehen - ich glaube, er war 1956 zum erstenmal in Darmstadt, zusammen mit seiner
Frau Hilda Morley, einer Lyrikerin. Wolpe war damals 54, 55 Jahre alt. Er fiel auf durch seinen langen, fast kahlen Schädel,
seine brennenden, nervösen Augen mit den buschigen Brauen. Er
war eher zurückhaltend, jedenfalls alles andere als ein Schwa-
droneur. Seine leise Art zu beobachten war gepaart mit einem
witzigen, kritischen Temperament, ja oft mit einem Furor, der
dann alles durchdrang, was er sagte und tat. Sicher war er nicht
der einzige mit einem Hang nach Freiheit und Unabhängigkeit - er
hatte ihn aber auf explosible Weise. Das mag erklären, daß er

als junger Mensch mit Krach das Elternhaus verließ, wo ein amusischer tyrannischer Vater regierte; daß er auch die Berliner Musikhochschule aufgab, in welcher eine veraltete, sinnlose Disziplin herrschte.

Wolpe machte auf mich Jungen einen ungeheuren Eindruck. Nicht nur, daß er liebenswürdig war: Von ihm strahlte eine fast unbeschädigte Menschlichkeit aus, wie ich sie in Darmstadt bei keinem Musiker wieder angetroffen habe. Wolpe scharte - ohne Verabredung - einige Schüler um sich (auch Dirk Leutscher aus Groningen war dabei), wir hatten einen starken Zusammenhalt. Worüber wir gesprochen haben, weiß ich nicht mehr - man muß nicht nur Ernst Blochs "Dunkel des gelebten Augenblicks" bedenken, sondern auch den Glanz des gelebten Augenblicks, der bei mir fast zur Blendung führte. Freilich durften wir - dessen kann ich mich nun genau erinnern - Wolpes Berliner Massenlieder gegenüber anderen nicht erwähnen - ich kannte ja sein Lied "Es wird die neue Welt geboren", das in meinem FDJ-Liederbuch stand.

Wolpe fuhr mehrmals nach Ende der Ferienkurse nach Berlin, um alte Freunde und Genossen zu besuchen. In meiner Verblendung habe ich ihn nie gefragt, wen er eigentlich treffen will. Heute weiß man, daß er dem Arbeiterlied-Archiv der Deutschen Akademie der Künste einen Besuch abgestattet[4] und außerdem versucht hat, in Ost- oder in Westberlin wieder Fuß zu fassen. Er begegnete auch Inge von Wangenheim, die darüber in dem Kapitel "Von einem, der seine Lieder vergaß" ihres erwähnten Erinnerungsbuches berichtet hat - es war gleichsam ein Wiedersehen ohne Anschluß. Von Wangenheim stellt das frühe Bild, das sie sich von dem einzigen Komponisten gemacht hat, der neben Hanns Eisler"von gleich hohem Rang" war, dem bald Sechzigjährigen gegenüber, der sich zwar äußerlich kaum verändert habe, aber doch ein ganz anderer geworden sei. Sie beschwört den Enthusiasmus von einst, ihre große Liebe zu seiner Musik, zu "ihrer grandiosen Kraft und Aussage", und schildert ihre maßlose Enttäuschung. Wolpe fielen nicht nur seine Lieder nicht mehr ein: "Er war kunstunfähig geworden."[5] Das sind harte, ungerechte, dazu unsinnige Worte, die von keinem Verständnis für den Weg zeugen, den Wolpe unfreiwillig und freiwillig zugleich nach seiner Emigration aus Deutschland gegangen ist. Den Eindruck, den eins seiner jüngsten Werke auf Schallplatte auf sie gemacht hat, gibt von Wangenheim auf eine immer noch weit verbreitete banausische Weise wieder.

In Darmstadt wurden damals mehrere Werke aus Wolpes Exilzeit sowie neuere Stücke aufgeführt, die drei Kontarskys setzten sich dafür ein, auch David Tudor und Severino Gazzeloni. In bedeutsamer Erinnerung geblieben sind mir die "Enactments" für drei Klaviere, die "Passacaglia" für Klavier solo. Man konnte gewiß das technische Niveau dieser Musik bemerken, zugleich aber auch ihre Differenz vom damaligen Darmstädter Hauptstrom (dessen Protagonisten sich ziemlich autoritär gerierten), und das ließ Wolpe eigentlich uninteressant erscheinen. Er mußte eine ähnliche Rolle als Gallionsfigur spielen wie Ernst Křenek, Alois Hába oder Alexander Jemnitz, eine Zeitlang sogar Theodor W. Adorno.

Zur Quellenlage

So gründlich vergessen Wolpe hier und heute ist, so fatal ist die Quellenlage. Wolpe war derart selbstkritisch, daß er zwischen 1919 und etwa 1923/24 zweimal den Großteil seiner Produktion vernichtete und die Opuszählung von vorn begann. Von dem wenigen, das der Komponist in seinem Zerstörungsdrang verschonte, ist das wenigste erhalten geblieben, das andere ging in den Wirnissen der ersten Exiljahre verloren oder fiel in Wolpes letzter New Yorker Wohnung den Flammen zum Opfer.

Verluste sind auch auf dem Gebiet der Agitpropmusik der Jahre 1929 bis 1932 zu beklagen. Viele Stücke, die nicht auf Flugblättern, Flugblattfolgen oder Liederbüchern erschienen sind (einige davon noch 1934 und 1935 in der Sowjetunion gedruckt), sind wohl für immer dahin. Diese Lieder, Marschlieder, Songs usw. wurden für den Tag geschrieben, wenige konnten überhaupt populär werden, und als das unheilvolle Jahr 1933 ausbrach, befanden sich viele Manuskripte nicht in den Händen des Komponisten, sondern in denen der Musiker.

Die erwähnten Flammen in der New Yorker Wohnung gehören nun mit zum traurigsten Kapitel der traurigen Lebensgeschichte dieses der Trauer von Grund auf abholden Geistes. Wolpe war damals - schon seit Jahren - infolge der heroisch ertragenen Parkinsonschen Krankheit an den Rollstuhl gefesselt - er selbst konnte das Feuer nicht löschen. Und was nicht in den Flammen

umkam, wurde durch das Löschwasser der Feuerwehr unkenntlich gemacht.

Die Partituren der Hauptwerke, vor allem der Exilzeit und aus
Wolpes letzter Periode, sind nun fast durchweg in Verlag genommen worden. Ohne indes - von wenigen Ausnahmen abgesehen -
gedruckt vorzuliegen, ist ihr Zustand katastrophal, vom Auf-
führungsmaterial gar nicht zu reden, dessen Lesbarkeit zuweilen
gleich Null ist.

Es ist einem Schüler Wolpes, dem kanadischen Musiker und For-
scher Austin Clarkson, zu danken, daß überhaupt etwas geschieht.
Angesichts der mangelnden oder überhaupt fehlenden Unterstützung
von irgendeiner privaten oder staatlichen Seite ist das, was
Clarkson geleistet hat - ein Werkverzeichnis zu erstellen, Partituren zu rekonstruieren, die Lebensgeschichte zu erforschen
usw. -, ungeheuer.

Was die Lebensgeschichte betrifft, so wurden bisher - inzwischen durch Clarkson veröffentlicht - zwei von Wolpe gehaltene
Vorträge bzw. Lectures wichtig. Den einen Vortrag - "Über neue
(und nicht so neue) Musik in Amerika" - hielt Wolpe im Juli 1956
zu den Darmstädter Ferienkursen für Neue Musik; er ist aufschlußreich für Wolpes amerikanische Jahre.[7] Für die Kenntnis der Berliner Zeit unentbehrlich wurde indes die "Lecture on Dada", die
Wolpe 1962 im Campus des C. W. Post College der Long Island Uni-
versity gegeben hat, wo er seit 1957 Chairman des Music Depart-
ment war. Sie gehörte zu einer Vortragsreihe über Kunst, die
Wolpe zusammen mit dem Maler Jules Olitsky organisiert hatte.[8]

Kurze Vita

Stefan Wolpe wurde am 25. August 1902 in Berlin geboren. Sein
Vater war russischer Herkunft, die Mutter, von einer Triester
Familie abstammend, Wienerin. Beide Eltern kamen aus reichem
Haus, der Vater war Fabrikant. Mit vierzehn Jahren ging Wolpe
an das Klindworth-Scharwenka-Konservatorium, wo er einige Zeit
bei dem damals sehr bekannten Pädagogen Alfred Richter, einem
Sohn des Komponisten und Thomaskantors Ernst Friedrich Richter,
Harmonielehre und bei Otto Taubmann Kontrapunkt und Komposition
studierte.

Mit seinem jüngeren Bruder William, einem Maler, verließ Wolpe 1918 das Elternhaus. Er lebte vorübergehend in einer Künstlerkommune, schloß sich auch der Wandervogelbewegung an. Der Versuch, das Abitur nachzuholen, scheiterte ebenso wie der Versuch, ein Kompositionsstudium bei Paul Juon an der Staatlichen Hochschule für Musik bis zum Abschluß zu absolvieren. Wolpe kommentierte das später so: "Ich besaß eine strenge akademische Ausbildung, die aber im Hinblick auf mein Wollen sinnlos war, ... und jene akademischen Lehrer brachten uns Sachen bei, die wir gar nicht wissen wollten, weil es uns nicht mehr anging."[9]

Kennzeichnend für diese Zeit nach dem Zusammenbruch des deutschen Kaiserreiches war das Suchen nach neuen künstlerischen Impulsen, die, abseits vom akademischen Betrieb, von den radikalen Strömungen ausgingen. Wolpe kam mit der Berliner Dada-Bewegung in Berührung, er besuchte das Bauhaus in Weimar, zugleich schloß er sich dem "Melos"-Kreis um Hermann Scherchen und Heinz Tiessen an, ein paar Jahre später der Berliner "Novembergruppe". Der Kollektivgeist und die soziale Verantwortlichkeit, die im Bauhaus herrschten, müssen für ihn eine Offenbarung gewesen sein. Dazu Wolpe: "Ich wuchs in Berlin heran, doch Weimar liegt nicht sehr weit von Berlin, und wir fuhren alle nach Weimar, wie Pilger nach Jerusalem oder Mekka."[10]

Im Umkreis der Dadaisten, von denen Wolpe mit einigen befreundet war (mit Kurt Schwitters gab er an der Jenenser Universität sogar einen Vortragsabend), lernte er zu experimentieren. So ließ er zum Beispiel gleichzeitig acht Plattenspieler mit ganz unterschiedlichen Musiken in unterschiedlicher Geschwindigkeit laufen.

Um 1920 lernte Wolpe auch Ferruccio Busoni kennen und durch ihn dessen Schüler Wladimir Vogel und Kurt Weill. Auf die Konzerte der "Novembergruppe", in denen Stücke von Wolpe aufgeführt wurden, kommen wir noch zu sprechen. Wolpe hat in dieser 1918 von Berliner Architekten (u. a. Alfred Gellhorn) gegründeten Künstlervereinigung, in der Musiker, wenn man von Hermann Scherchen absieht, erst allmählich Zugang fanden, offenbar eine aktive Rolle gespielt.

Was sich dann nach der Mitte der zwanziger Jahre im Leben Wolpes abspielte, davon liegt das meiste noch im dunkeln.

1925 soll er in die KPD eingetreten sein.[11] Wir wissen erst
wieder, daß er ab 1929, 1930 hauptsächlich für die Agitproptruppen "Roter Wedding" und "Roter Stern" als Komponist und Pianist
(auch Akkordeonspieler) gearbeitet hat. 1931 wurde er musikalischer Leiter der größtenteils aus arbeitslosen Berufsschauspie-
lern zusammengesetzten "Truppe 31", mit der er Gustav von Wangenheims Erfolgsstück "Die Mausefalle" aufführte. Gleichzeitig
wurde er Mitarbeiter der Hans-Weidt-Tanzgruppe, die im November
1931 das Tanzdrama "Passion eines Menschen" - nach einer Idee
von Ludwig Renn und mit einer angeblich "sehr lauten und sehr
atonalen Musik"[12] von Wolpe - herausbrachte.

In der Erinnerung stellte Wolpe seine Arbeit in den letzten
Jahren der Weimarer Republik so dar: "Ich habe als Propagandist
der Kultur-Front der Arbeiterpartei gearbeitet, bin mit 25 Jahren als ein Scherchenpropagandist, von Stuckenschmidt in allen
deutschen Revuen glänzend kritisierter Radikalist, mit Verträgen
... in der Tasche, überall aufgeführter Musiker von der Arena
abgetreten, habe statt Zwölfton-Symphonien kleine Massenlieder
in f-dur zu schreiben gelernt, arbeitete in Kneipen, ging in die
Dörfer mit Theatergruppen, Sängern und Chören, lebte wie ein
wahrhaft besessener Vagabund und Gläubiger, löschte meinen Namen
aus, der Idee und ihrer Verwirklichung meinen Namen opfernd, und
umlernend und lernend; während ich verzichtete, gewann ich."[13]

Wie bereits vermerkt, ging Wolpe nach Wien, um bei Anton Webern zu studieren, außerdem nahm er als Schüler Hermann Scherchens an dessen dritter "Arbeitstagung" in Brüssel (Mitte Mai
bis Ende Juli 1935) teil.[14] Über die Sowjetunion war er 1934
nach Palästina emigriert. Dort arbeitete er zunächst in einem
Kibbuz und übernahm 1937 die Leitung der Kompositionsklasse an
der von dem Geiger Emil Hauser gegründeten Musikakademie in
Jerusalem. Wolpe nannte sich gern einen "professionellen Maxi-
malisten"[15], der es gewohnt war, von allem, was er tat, das
Höchste und Radikalste zu verlangen. Mit einer solchen Haltung
konnte er in dem von konservativen Kreisen beherrschten Palästina nicht bestehen. So siedelte er im Herbst 1938 in die USA
über und wurde ab 1946 Lehrer für Theorie an verschiedenen Schu-
len und Colleges. Der Komponist Josef Tal, der Wolpe noch in
der Hans-Weidt-Tanzgruppe kenngelernt hatte[16] und ebenfalls

1934 nach Palästina emigriert war, schrieb über Wolpes Lage in Jerusalem: "Stefan war der erste Komponist, der die Zwölftonmusik ins Land brachte. Das war nun für Palästina, mehr noch als für Europa, schwer zu verdauende Kost. Es gab auch kaum Musiker, die fähig waren, solche Musik zu spielen ... Danach wurde Stefan das enfant terrible extremistischer Musikideologien, verstärkt durch kompromißlose politische Anschauungen und ein äußeres ichbetontes Auftreten ... Das ganze Musikleben in Palästina war für ihn zu konservativ. Weder das Philharmonische Orchester noch das Radio spielten zeitgenössische Musik. So begann Stefan seine Fühler nach Amerika auszustrecken."[17]

Vorbilder

Obgleich ein Rezensent 1924 schrieb: "Ein guter Klavierspieler ist Herr Wolpe auch nicht"[18], nennt H. H. Stuckenschmidt, der mit Wolpe befreundet war und in seinem Erinnerungsbuch "Zum Hören geboren" mit manchem Detail zum Verständnis jenes außerordentlichen Mannes beiträgt, dessen pianistische Fähigkeiten "phänomenal" und berichtet, Wolpe habe mit Vorliebe die späten Klaviersonaten von Alexander Skrjabin gespielt.[19] Ohne Zweifel verdankt der ekstatische "Ton" in manchem Wolpeschen Stück Skrjabin sehr viel.

Dann wäre Arnold Schönberg zu nennen. Dessen Drei Klavierstücke op. 11 muß Wolpe schon früh gekannt haben, ihre harmonischen Freiheiten hatten für ihn von Anfang an Vorbildcharakter. Im Gegensatz zu den meisten Werken der tonsprachlich viel zahmeren Zeitgenossen sind Wolpes früheste Klavierstücke, soweit sie erhalten geblieben sind, im Stile der schwebenden Tonalität geschrieben. Auf den Schönberg der frei-atonalen Klaviermusik gehen noch andere Stilmerkmale bei Wolpe zurück, zum Beispiel seine Neigung zur komprimierten Kürze, zum Aphoristischen: Viele klavierbegleitete Lieder der zwanziger Jahre dauern kaum eine Minute. Ferner der Affront gegen musikalisches Entwicklungsdenken, gegen Prozessualität und dialektisches "Durchführen", gegen das, was der spätere Schönberg das "Schicksal eines Themas" genannt hat. Es ist zu vermuten, daß Wolpe die deutsche Erstaufführung der selten gespielten Fünf Orchesterstücke op. 16 von Schönberg 1920 in Weimar (unter Leitung von Peter Raabe) hörte.

Auf das dritte Stück, dessen Grundgedanke auf statischem Klang bzw. auf einem Optisch-Räumlichen beruht, hat er sich wenig später berufen.[20]

An dritter Stelle folgte Ferruccio Busoni als Vorbild für den frühen Wolpe. Was Wolpe von dessen wenigen visionären Klavierstücken kannte, entzieht sich der Beurteilung. Man kann annehmen, daß es die lautere, kultivierte, universalistische Persönlichkeit Busonis war, die Wolpe fasziniert hat, nicht zu vergessen den Klavierinterpreten von einsamem Rang. Möglicherweise hat den jungen Feuerkopf auch der schon 1907 entstandene "Entwurf einer Ästhetik der Tonkunst" entflammt, enthält er doch schon viel revolutionären Zündstoff. Auch Busonis Ideal einer "Jungen Klassizität" hat auf ihn Eindruck gemacht. Vermutlich sah er darin ein Mittel der Domestizierung seines originär wilden expressionistischen Gestus. Es gibt zumindest ein längeres, mehrteiliges, H. H. Stuckenschmidt gewidmetes Klavierstück von 1924, das wie eine Huldigung an den gerade verstorbenen Meister klingt (bloße Zweistimmigkeit, ohne die gewohnte Akkordik; Periodizität der tonalen bzw. modalen Melodiebildung; barockisierende Ornamentik).

Es existieren noch einige Komponisten, die zum Teil als Ferment für Wolpes Frühschaffen gewirkt haben. Igor Strawinskys jazzinspirierte Werke beeinflußten sowohl den Bereich, den man Wolpes "Gebrauchsmusik" oder "angewandte" Musik nennen könnte, als auch einige Klaviersachen, in denen die Rhythmik ausgesprochen asymmetrisch-verschoben behandelt wird. Nachweislich haben das schon 1914 entstandene "Allegro barbaro" für Klavier und die melodisch-minimale, rhytmisch-ostinate Suite op. 14 von Béla Bartók Wolpe beeindruckt. Zu nennen wäre auch Paul Hindemith mit seiner Versachlichung der Tonsprache und der Überwindung des Ich-Kultes. Die Versuche der Gleichaltrigen schließlich, die Wolpe in Berlin vor allem in den Konzerten der "Novembergruppe" gehört hat, werden ihn kaum gleichgültig gelassen haben: die Musik von Kurt Weill, Wladimir Vogel, George Antheil (dessen "maschinelle" Klaviermusik) und Hanns Eislers (dessen "Zeitungsausschnitte" für Gesang und Klavier op. 11 sowie die zahlreichen Kampflieder).

Exkurs: Wolpe, Dada und das Bauhaus

In der erwähnten "Lecture on Dada" gehen Wolpes Erlebnisse mit
der Dada-Bewegung und die mit dem Bauhaus fast bruchlos inein-
ander über. Obwohl die Vorlesung mit dem Statement "I am not a
Dadaist" beginnt, hat Wolpe sowohl von den Dadaisten als auch
von seinen Bauhaus-Lehrern und -Mitschülern gelernt. Über Dada
können wir folgendes lesen:

"In Berlin kam ich mit der Dada-Bewegung in Berührung,
    aus der einige Leute enge Freunde von mir wurden,
    obwohl ich noch jung war.
Aber ich war ein unerschrockener, ehrlicher und aufgeschlossener
    Bursche.
So kam ich mit jungen Dadaisten in Berührung,
    die später meine Freunde wurden,
    Kurt Schwitters, Hans Richter
    und ein seltener Vogel, der sich Johannes Baader nannte.
        Mit diesen Leuten kam ich in Berührung, jungen Menschen,
    die zusammenlebten
    - Dichter, Komponisten, Maler.
    Wir gaben unsere ersten Dada-Vorstellungen.

Man konnte aus vielen unterschiedlichen Gründen zu diesen
    Bewegungen stoßen.
Einige Männer waren entsetzlich angeekelt und enttäuscht
    von den Zeitumständen.
Es gab dem großen Krieg, 1914 bis 1918.
    Wir alle litten schreckliche Not,
    und für Parolen hatten wir kein Verständnis.
Die Menschen waren in einem Zustand der Verzweiflung
    über ihre absolute Ohnmacht,
    die ganze Wirkungslosigkeit der kulturellen Werte,
    darüber, daß sich die kulturellen Werte einen Dreck um sie
    scheren, während die Kanonen das Schicksal der Menschen
    besiegeln.
Und viele Menschen, die über die Hilflosigkeit der Kultur
    verzweifelt waren,
    begannen zu revoltieren und wurden Dadaisten.

Sie sagten, wenn nichts mehr Sinn hat außer Mord und Totschlag,
    dann haben auch Kunst, Dichtung und Philosophie
    keinen Sinn mehr.
Und diese Leute gründeten während des Krieges, 1916,
    ein berühmtes Kabarett in Zürich,
    wo die Emigranten aus aller Welt zusammenkamen -
    all die, die den Militärdienst ablehnten
    aus Abscheu davor, wohin die Menschheit steuert -
    und wo sie ihren Protest vortrugen gegen
    den hübschen, wunderbaren, hilflosen Zustand
        eines Bildes,
        eines Musikstückes,
        eines Gedichtes."[21]
Befragt, was für einen Spaß die Dadaisten daran hatten, wenn sie,
"wie André Breton gefordert hat, ihren Revolver in die Menge
schießen"[22], antwortete Wolpe während seiner Vorlesung dies:

"Ich komponierte Kurt Schwitters' kleine Oper 'Anna Blume'[23],
    und ich ging mit Schwitters von Weimar nach Jena.
    Dort war eine Vorstellung, und Schwitters rezitierte
    seine Lautgedichte.

    Er rezitierte also
    und hatte 40 weiße Mäuse in einem Glas auf dem Tisch.
Es war ein Saal in der Universität Jena,
    es müssen etwa 3 600 Leute gekommen sein.
Als Schwitters endete,
    öffnete er das Glas, und 40 Mäuse kletterten über den Rand.

Ich habe noch nie solche Angstschreie, ein solches Kreischen
    gehört.
Es war nicht ein Akt von Provokation -
    sondern ein Akt, eine extreme Situation herzustellen,
    eine Grenzsituation, eine Schock-Situation.

Natürlich hat das Schwitters richtiggemacht.
Eine Schock-Situation kann nicht wiederholt werden:
    Das nächste Mal käme niemand hin.
Es ist wie der Augenblick, in dem ein Kind
    geboren wird.

Das ist eine ähnlich ursprüngliche, so nicht wiederholbare
   Situation, eine Situation von ungeheurer Spannung.
Das ist's, was wir wollten.
Auch ich wollte immer das extremste Wahrheitsmoment haben."

   Über seine Erfahrungen am Weimarer Bauhaus sagte Wolpe:
"Das Bauhaus war der Ort, wo moderne Kunst gelehrt wurde, wo man
   sie auch ausprobierte.
   Wo Gropius lehrte,
   wo Klee lehrte,
   wo Kandinsky lehrte,
   wo Schlemmer lehrte,
   wo van Doesburg und Mondrian zu Vorlesungen kamen,
      selbst ich, ein junger Dachs, sprach über ziemlich abstruse
         Dinge, zum Beispiel die übernatürlichen Proportionen
            und so Sachen.

Wir lernten dann (und ich glaube, daß Klee uns das lehrte),
   alles mit allem in Beziehung zu setzen.
   Ich bin kein Maler (ich bin Komponist),
      ich nahm jedoch an den Kursen von Paul Klee teil.

Er ließ uns auf der Straße Gegenstände suchen.
   Wir gingen alle raus mit einem kleinen Koffer
   und sammelten alles, was wir fanden –
      von Zigarettenkippen
      bis zu kleinen Feilen,
      kleinen Schrauben,
      Briefschnipseln,
      Brotkrümeln,
      toten Vögeln,
      Federn,
      Milchflaschen. ...
      winzig kleine Gegenstände, große Gegenstände,
   · · zerschundene Gegenstände, die keinen Nutzen mehr haben.
Und diese Gegenstände wurden unsere Freunde, das heißt,
   wir richteten unsere Augen, wie arme Leute, auf unscheinbare
      Dinge, die die formalen Elemente in einer vorgenommenen
      Skizze wurden.

Wir mußten Dinge zusammensetzen -
   unten eine Spirale,
   dann ein künstliches Auge,
   einen Schnürsenkel -
und mußten diese Dinge unabhängig von ihrer subjektiven
   Bedeutung verwenden.
   Wir mußten sie wie formale Elemente verwenden,
   und als formale Elemente wurden sie neutralisiert,
   so existierte ein toter Vogel nur in seiner formalen
   strukturellen Beziehung.
Und wir gewöhnten uns an eine gewisse Gefühllosigkeit in bezug
   auf die Gegenstände,
   weil wir sie nur formal beobachteten
   und uns nicht in sie einfühlten.

Das war eine ungeheure Erfahrung ..."[24]

Wolpe und die Musik der zwanziger Jahre

Die Musik der zwanziger Jahre stellt sich uns heute dar als eine
Musik mit entschieden reduziertem Kunstanspruch; eine Musik, die
sich vom hohen Ideal des integralen Werkes abwandte und sich zur
Realität hin öffnete; die dienen wollte, sei es dem "Leben", der
"Gemeinschaft" oder der Arbeiterbewegung. Alles was mit psycho-
logischer Entwicklung der Musik zu tun hat - thematische Arbeit,
das Ethos der melodischen Ableitung, sogar die Logik der harmonischen Fortschreitung -, verlor an Wert und Interesse. Das
machte, daß auch Schönberg - sowohl der frühere als auch der
jüngste (der mit seiner Zwölftonmethode hervortrat) - als subjektivistisch, ja als altmodisch, als fossiles Beispiel des
L'art-pour-l'art-Standpunktes abgetan wurde. Hermann Danuser
(auf dem Internationalen Musikwissenschaftlichen Kongreß in
Strasbourg 1982) charakterisierte solche Musik nicht ganz glücklich als "mittlere", weil sie in einem Stilhöhenbereich zwischen
dem "Oben" der "absoluten" Kunst- und dem "Unten" der Trivial-
musik angesiedelt sei.[25]

   Auch Wolpe folgte der Tendenz, das Moment der Funktion
in sein musikalisches Denken einzubeziehen, ja auf dem Gebiet
der "angewandten" Musik zu experimentieren, dies - wie fast alle
"mittlere" Musik - in ziemlicher stilistischer Breite. Trotzdem

schrieb Wolpe in sich geschlossene, durchgebildete Stücke
Schönbergscher Provenienz, darin durchaus Eisler vergleichbar.
So lassen sich zum Beispiel in seinen - meist kurzen - Hölderlin-Liedern (vier schon 1924, eins 1927 entstanden) op. 1 (!)
fast durchweg Zwölfton-Komplexe beobachten, bestehend aus einem
hexachordalen Tonvorrat in der Gesangsstimme und einem komple-
mentären Hexachord in der Klavierbegleitung. Wie auch in anderen Werken ist hier ein Wegwischen des kompositorischen Details
zugunsten eines barockisierenden Stroms, der "über Stock und
über Stein trägt", nicht anzutreffen. Wolpe komponiert - im Gegensatz zu Hindemith oder Křenek etwa, die mit Vorliebe dem Kon-
zertieren huldigen - mit motivischen Zellen, die weniger entwickelt als permutiert werden, aber doch irgendwie motivisch
beziehungsvolle Gebilde garantieren.

Auch dort, wo Wolpe dem Subjektivität und Ausdruck negieren-
den Zug der Zeit folgt, bleibt er auf einem von ihm mehrfach
beackerten Gebiet ein Einzelgänger. Es ist eine stark repetitive
Musik, der rhythmisch asymmetrische Muster zugrunde liegen; eine
Musik, die - bei völligem Verzicht auf melodische Entwicklung -
mit geringem akkordischem Material (das sich wiederum hexachor-
dal anordnen ließe) auskommt. Die Originalität dieser Art von
repetitiver, "stehender" Musik (über diesen Ausdruck später)
wächst ihr zu aus einer Verbindung von ekstatischem Temperament
und einer - gewiß Frucht des Bauhaus-Ethos - konstruktivisti-
schen Kunstgesinnung.

Am Ende von Wolpes Berliner Jahren steht ein großes, reifes
Werk, das die vorangegangenen Tendenzen und Experimente zusam-
menfaßt, ohne irgendwie abgeklärt zu sein. Dieses Opus 20 -
"Marsch und Variationen" für zwei Klaviere - ist ein Bekennt-
nis zur Instrumentalmusik, zu einer neuen Art von Realismus dazu. Es wurde von Irma Schoenberg (Wolpes damaliger Frau, der das
Werk auch gewidmet ist) und Josef Tal 1937 in Jerusalem uraufgeführt, es stieß aber - wie Tal in seiner Autobiographie mit-
teilt[26] - auf totales Unverständnis. In einer Programmnotiz zu
einer späteren Aufführung schrieb Wolpe: "In diesen (neun) Variationen wurden neue Stufen oder Stadien der Lebensbejahung
erreicht, enthalten schon in dem 15taktigen scharf rhythmisier-
ten, lebhaften, energischen einstimmigen Thema."

Der Komponist hat sich die Aufgabe gestellt, die "große Energie
der Empfindung", wie er sagt, durch das ganze zyklische Stück
durchzuhalten.[27] Der erste Teil bringt ohne Unterbrechung die
ersten vier (tonalen) Variationen, die nach durchaus noch traditionellen, klassischen Variationsprinzipien durchgeführt werden.
Nach einer längeren Pause schließen sich die anderen Variationen
an (eine Pause erfolgt nochmals nach 6. Variation und Coda und
vor 9. Variation und Coda). Es handelt sich hierbei um immer
länger werdende Gebilde, in denen das Marschthema mehr und mehr
rhythmisch und motivisch aufgespalten und stellenweise in einen
atonalen Kontext gestellt wird. Das Ganze wirkt äußerst spon-
tan, und es gibt auch eine Reihe knapper, gleichsam spontaner
Vortragsangaben (wie zum Beispiel "brutal", "mit Erbitterung",
"geharnischt", "siegend").

Wolpe und die Berliner "Novembergruppe"

In einem Sonderheft "Zehn Jahre Novembergruppe" der Zeitschrift
"Kunst der Zeit" ging Stuckenschmidt[28] auf die verschiedenen
musikalischen Mitglieder dieser Künstlervereinigung ein. Wolpe,
"der Jüngste dieser Reihe", sei eine "Sondererscheinung": "Von
Ekstase zu Ekstase, von Extrem zu Extrem sich stürzend, leiden-
schaftlich die Materie und die Ideologie seiner Kunst durchgrü-
belnd, hat er in zahlreichen Werken aller Art ein mehr als unge-
wöhnliches Talent bewiesen, das der Reife harrt."[29]

Wir können hier nicht alle Konzerte nennen, in denen Werke
von Wolpe zu hören waren (einige dieser Werke wurden verworfen,
andere sind verlorengegangen). Nur zwei Konzerte sollen ge-
streift werden. Am 2. Mai 1927 wurden drei jeweils erste Klaviersonaten uraufgeführt: von dem verschollenen Hansjörg Dammert, von dem damals noch komponierenden Stuckenschmidt und von
Stefan Wolpe. In einer Bemerkung auf dem Programmzettel - sie
wurde später unter Wolpes Namen veröffentlicht[30], ist aber gewiß kollektiv formuliert worden - heißt es: "Es handelt sich
bei den drei Klaviersonaten um eine Musik formal experimentel-
len Charakters, bei der das Thematische und Modulatorische zugunsten rein rhythmischer und dynamischer Gestaltung in den Hintergrund tritt. Man kann auf diese Stücke am besten den Ausdruck
'stehende Musik' anwenden, da die formalen Spannungen und Ent-

spannungen hier aus dem Prinzip der Wiederholung (im Gegensatz
etwa zur Variation) entwickelt werden. Es wird in dieser Musik
versucht, den Begriff der musikalischen Zeit bis an die Grenze
des Möglichen zu analysieren."[31]

Wolpes Sonate - sie wurde von Else C. Kraus (die damals auch
sehr für Schönberg und Eisler eintrat) gespielt - ist ein ge-
niales Prestissimo-Stück von wenigen Minuten Dauer - ein zweiter,
rhythmisch ebenso vertrackter und Tonclusters verwendender eksta-
tischer Satz ist Fragment geblieben. Austin Clarkson hat die Sonate unter dem Titel "Stehende Musik" ediert.

Stuckenschmidt sprach später von einer Pressekampagne, die
nach jenem Konzert geführt worden sei.[32] Bis auf wenige mögliche
Ausnahmen aber hat die Kritik von jener Veranstaltung, die erst
heute zu einem "Konzert-Ereignis" stilisiert wird, keine Notiz
genommen. Anders steht es mit einem Konzert, das unter dem Titel
"Zehn Jahre Novembergruppe" (er bezog sich offensichtlich auf
das Jubiläum der Musik-Sektion) am 24. Januar 1930 im Meister-
saal stattfand. Es wurde von allen größeren Berliner Zeitungen
nicht nur registriert, sondern mit wohlwollenden Beiträgen bedacht (der heutigen Forschung scheint das Konzert jedoch entgangen zu sein). Nur Wolpe kam - nicht unerwartet, wenn man
frühere Kritiken (selbst die Theodor W. Adornos) kennt - fast
durchgängig schlecht weg, ein Rezensent verstieg sich sogar
dazu, ihn "dilettantisch" zu nennen[33]. Das Konzert, von dem der
größte Teil vom Berliner Rundfunk ausgestrahlt wurde, gab einen
Überblick über ältere und neuere Kompositionen der "ständigen"
Mitglieder der Gruppe (Heinz Tiessen, Philipp Jarnach, Max
Butting, Hanns Eisler, Kurt Weill, Wladimir Vogel und Stefan
Wolpe). Von Wolpe wurden neben den Hölderlin-Liedern op. 1
zwei "Revolutionsmärsche" für zwei Klaviere aufgeführt. Ob sich
hinter diesem Titel zwei Variationen aus op. 20 oder eine andere Fassung der hinreißenden, in den ersten Exiljahren in Paris
veröffentlichten "Cinq Marches Caractéristiques" für Klavier
solo op. 10 (1928-1934) verbergen oder ob es sich hier um ein
zerstörtes Werk handelt, kann noch nicht entschieden werden.

Kampfmusik oder Wolpe und Eisler II

Wolpe vertonte - im Zusammenhang mit seiner immer intensiver werdenden Arbeit für die Agitprop-Bewegung - Texte von Ludwig Renn, Johannes R. Becher, Erich Weinert, Wladimir Majakowski und Ernst Ottwalt, ferner von Hans Eckelt, Thomas Ring, Fedja Bönsch, Siegfried Moos und Martin Lindt, die vor allem für das deutsche Arbeitertheater dieser Zeit geschrieben haben. Es lassen sich bei Wolpe folgende Text-Vertonungen unterscheiden:

1. Stücke für einen "sprechenden Pianisten", also einen Pianisten, der zu einer dissonanten (zuweilen atonalen) Begleitung die politischen Texte (Aufrufe, Deklarationen usw.) sprechend vorträgt (teils mit Pathos, teils mit Verzerrungen).

2. Lieder auf politische Texte mit unbestimmtem Adressaten - die Agitproptruppen hätten diese Art von Musik wegen des Schwierigkeitsgrades nicht aufführen können. Die Melodik dieser Lieder - zu denken wäre hier an die Acht Lieder op. 12 (1929/30) - enthält überraschende, nicht leicht zu singende Wendungen, die Klavierbegleitung - sie erinnert an Wolpes Soloklaviermusik - ist akkordisch-vollgriffig; zwar tonal, aber stark dissonant. Realistisch wie die musikalische Umsetzung bestimmter Gehalte sind auch die Überschriften, Spiel- und Vortragsanweisungen - das betrifft freilich alle Werke von Wolpe.

3. Einfache Solo- oder einstimmige Chorlieder, die eigentlichen Kampflieder, die bei den Auftritten der Agitproptruppen gesungen wurden. Hierher gehört eins der gelungensten Lieder überhaupt, das damals rasch weite Verbreitung gefunden hat und noch heute bekannt ist: das bereits erwähnte Lied "Es wird die neue Welt geboren" (nach einem Text von Ludwig Renn), der Schlußchor des Tanzspiels "Passion eines Menschen". Hier mag ein Einfluß Eislers vorliegen, es ließe sich aber kaum irgendeine Imitation, gar Abhängigkeit vom Älteren, Bekannteren und Berühmteren ausmachen.

4. Obwohl es sich bei Wolpes (fragmentarisch überlieferten bzw. rekonstruierten) Bühnenmusiken - für "Die Mausefalle" (1931), "Da liegt der Hund begraben" (1932) oder "Wer ist der Dümmste" (1933) - fast durchweg um szenische Liedeinlagen handelt (der Not gehorchend wohl meist nur mit Klavierbegleitung), nähern

sich die einzelnen Nummernfolgen der Kantate, wenn nicht gar der Kammeroper an (tatsächlich hat Wolpe auch zwei Kammeropern zwischen 1927 und 1929 geschrieben).

Eisler hat, wie bekannt, zu dieser Zeit die Instrumentalmusik abgelehnt, zumindest für seine Zwecke als unwichtig erachtet. Eine Modifikation dieser Ansicht ist in dem zu sehen, was er später als "angewandte" Musik bezeichnete. Auch Wolpes "Marsch und Variationen" für zwei Klaviere hätte er der "angewandten" Musik zugerechnet. Für Wolpe selbst jedoch, der über seine gesellschaftliche Stellung als Komponist gewiß weniger reflektiert hat als Eisler, gab es keine Trennung zwischen politischer Musik, die in den Tageskampf eingreift, und einer instrumentalen, deren Subjekt der kämpfende Komponist ist, die ihn irgendwie symbolisch darstellt.

Sicher ist Eisler melodisch viel "schlagender" und "zündender" als Wolpe, der technische Anspruch von Wolpes Musik wird aber, im Gegensatz zu dem entsprechenden von Eisler, selten reduziert. Wolpe hat kaum mit dem singenden Schauspieler gerechnet, seine Lieder sind vielmehr für Sänger mit guter, voll ausgebildeter Stimme bestimmt. Und ihre Begleitung konnte nur ein Wolpe selbst übernehmen.

Es gehört zur Tragik dieses Mannes, daß er für keinen Bertolt Brecht komponiert hat[34] oder komponieren konnte, gar nicht zu reden von einem Ernst Busch, der vielleicht für eine weltweite Verbreitung seiner Lieder gesorgt hätte. Als es endlich soweit war, daß sein Stern am Himmel der Arbeitermusik aufging, kam der Nazi-Spuk. Wolpes Musik der zwanziger Jahre wurde gründlich vergessen.

Anmerkungen

1   Erfolg der Arbeitermusikbewegung. Aufführung von zwei neuen
    Arbeiten Wladimir Vogels, in: Die Welt am Abend, 29. Oktober
    1931.

2   Zum Beispiel: Auf der großen Straße. Jean Weidts Erinnerungen.
    Nach Tonbandprotokollen aufgezeichnet und hg. von Marion Rei-
    nisch, Berlin 1984, S. 39.

3   Inge von Wangenheim: Die tickende Bratpfanne, Rudolstadt 1974,
    S. 121.

4   Wolpes Besuch war am 2. Juli 1957. Unterlagen darüber befinden
    sich im Arbeiterlied-Archiv der Akademie der Künste der DDR.
    (Bei der Suche danach war mein Kollege Peter Andert hilfreich)

5   Inge von Wangenheim: a.a.O. S. 121 bzw. 125.

6   Austin Clarkson: The Works of Stefan Wolpe: A Brief Catalogue,
    in: Notes 1985.

7   Original deutsch und in amerikanischer Übersetzung (von Clark-
    son): On new (and not-so-new) Music in America, in: Journal
    of Music Theory 28, 1, Spring 1984, S. 1-45.

8   Den Abdruck in Musical Quarterly (1986, 2, S. 204-215) ver-
    antwortet ebenfalls Austin Clarkson. Die auf Tonband aufge-
    nommene Vorlesung wurde für jene Zwecke gekürzt. Dem Aufsatz
    von Clarkson, "Stefan Wolpe's Berlin Years" (in: Music and
    Civilization. Essays Presented to Paul Henry Lang, Norton,
    New York 1984, S. 371-393), welchem ich viel verdanke, liegt
    "Lecture on Dada" zugrunde.

9   Lecture on Dada by Stefan Wolpe, a.a.O. S. 207.

10 Ebenda S. 206.

11 Austin Clarkson: Stefan Wolpe's Berlin Years, a.a.O. S. 384.

12 Fritz Zielesch im Berliner Tageblatt vom 28. November 1931.

13 Letter to Colleagues, Jerusalem, 12. September 1938. Dieses
    und manches andere Dokument verdanke ich meinem Freund
    Reinhard Voigt (Hamburg), der über Wolpe promovieren wird.

14 Hermann Scherchen: ... alles hörbar machen. Briefe eines

Dirigenten. 1920 bis 1939, hg. von Eberhardt Klemm, Berlin 1976, S. 250 f.

15 Letter to Colleagues, a.a.O.

16 Josef Tal: Der Sohn des Rabbiners. Ein Weg von Berlin nach Jerusalem, München 1987, S. 108.

17 Ebenda S. 197.

18 Berliner Börsen-Courier, Nr. 41, 25. Januar 1924.

19 Hans Heinz Stuckenschmidt: Zum Hören geboren. Ein Leben mit der Musik unserer Zeit, München/Zürich 1979, S. 88.

20 Ebenda S. 95.

21 Lecture on Dada by Stefan Wolpe, a.a.O., S. 206 f. Übersetzung ins Deutsche von Eberhardt Klemm.

22 Ebenda, S. 214 f.

23 "An Anna Blume von Kurt Schwitters für Klavier und Musical Clown (Tenor)" wurde 1929 komponiert. Das bedeutende Stück, das teils gesungen, teils gesprochen wird (selbst der Klavierspieler wird zum Mitsprechen angehalten), setzt sich – ganz streng – aus Zwölftonfeldern zusammen, es arbeitet außerdem mit Permutationen von kurzen, horizontal wie vertikal verwendeten Sechston-Reihen.

24 Lecture on Dada by Stefan Wolpe, a.a.O. S. 204 f.

25 Vgl. auch Hermann Danuser: Hanns Eisler – Zur wechselhaften Wirkungsgeschichte engagierter Musik, in: Die Wiener Schule heute. Neun Beiträge, hg. von Carl Dahlhaus, Mainz 1983 S. 90.

26 Josef Tal, a.a.O. S. 197.

27 Stefan Wolpe: Notes by the Composer, ed. by Austin Clarkson, S. 2 f. Die Aufführung war am 11. Februar 1940 und fand im Museum of Modern Art in New York statt.

28 Musik und Musiker in der Novembergruppe, in: Kunst der Zeit. Zeitschrift für Kunst und Literatur, III, 1928, S. 94 ff.

29 Ebenda S. 101.

30 Stefan Wolpe: Notes by the Composer, a.a.O.

31 Der Programmzettel ist abgedruckt bei H. H. Stuckenschmidt: Zum Hören geboren, a.a.O. S. 95.

32 Ebenda S. 96.

33 Wolpes Musik "geht zwischen Eigenwilligkeit und Dilettantismus einen tollen Zickzackgang", heißt es in der Rezension des Berliner Börsen-Couriers vom 30. Januar 1930.

34 Erst im amerikanischen Domizil entstanden einige Brecht-Vertonungen.

Jutta Theurich

Zur Stellung Ferruccio Busonis im Berliner Musikleben

Wenn man das geistig-kulturelle Leben Berlins und seine Ent-
wicklungstendenzen in den zwanziger Jahren charakterisieren will,
wird man mit Sicherheit auf den Namen eines Mannes stoßen, der
zumindest zu Beginn jenes ereignisreichen Jahrzehnts eine führende Rolle spielte: Ferruccio Busoni. Dreißig Jahre - von 1894
bis 1924 - wohnte er in dieser Stadt, und fünfundzwanzig Jahre
lang, rechnet man die Schweizer Exiljahre ab, wurde das Musikleben Berlins von ihm, der als Pianist, Komponist, Pädagoge,
Musikschriftsteller, Dirigent und als Organisator von Konzerten
mit zeitgenössischer oder selten gespielter Musik eine vielsei-
tige Tätigkeit entfaltete, mitgeprägt.

Insbesondere als Pianist hatte Busonis Wirken hier wie auch
auf internationalem Parkett bereits vor dem ersten Weltkrieg
einen Höhepunkt erreicht, der den Rezensenten seiner Konzerte
immer wieder Worte enthusiastischer oder sachlicher Bewunderung
entlockte: "Frauen jubeln und Männer schluchzen ob solcher gott-
begnadeten Meisterschaft"[1], kann man da lesen - oder "eine neue
Epoche des Klavierspiels hebt mit ihm an, in der manche früheren
Ideale untergehen und neue Ideale und Werte bestimmend werden...
Busoni sucht mehr und mehr, dem Klavier neue Gebiete zu er-
obern"[2].

Nach Kriegsende zögert Busoni zunächst, aus der Schweiz in
seine künstlerische Heimat, als die er Berlin stets empfunden
hatte, zurückzukehren. Einerseits Dankbarkeit dem Gastgeberland
gegenüber, das ihm Zuflucht, Existenzmöglichkeit, letzlich sogar Ehrungen wie den Dr.h.c. der Universität Zürich geboten hatte, andererseits die unsicheren politischen Verhältnisse der revolutionären Nachkriegsjahre, in denen der gesellschaftliche
Fortschritt in Deutschland wieder in Frage gestellt schien, waren die Gründe dafür, daß er erst im September 1920[3] die Berliner Musikszene wieder betrat. Dem persönlichen Einsatz von

Leo Kestenberg, ehemals Klavierschüler Busonis und befreundet
mit ihm, der seit 1918 als Musikreferent am Preußischen Ministerium für Wissenschaft, Kunst und Volksbildung wirkte, ist
die Rückkehr des Künstlers zu danken. Auch andere hatten, als
Bestrebungen um die Wiederbelebung des Berliner Musiklebens mit
Hilfe progressiver Kräfte einsetzten, bereits versucht, Busoni
für Berlin zurückzugewinnen; zu ihnen gehörten unter anderen
Hermann Scherchen, Franz Schreker[4], Georg Schünemann und der
Dichter Ludwig Rubiner. Ausschlaggebend für Busonis Entschei-
dung - aus Rom, Zürich, Genf und Wien lagen ihm ja ebenfalls
Angebote vor - wurde letzlich, daß Kestenberg nach Zürich fuhr,
um ihm die Leitung einer durch den Rücktritt Richard Strauss'
und Engelbert Humperdincks frei gewordenen Meisterklasse für
Komposition[5] an der Preußischen Akademie der Künste anzutragen.

Mit dieser Stellung an der höchsten künstlerischen Institution der Weimarer Republik war für Busoni, der damit Mitglied
der Akademie wurde, die erste offizielle Anerkennung als Komponist verbunden.[6] Von ebenso entscheidender Bedeutung war aber
für ihn auch, junge Komponisten im Geiste humanistischer Bil-
dungsideale und des musikalischen Fortschritts erziehen zu können sowie die Möglichkeit, wieder in Berlin, dem Sammelbecken
künstlerischer Potenzen und einer sich immer stärker zu Wort
meldenden jungen Avantgarde, zu wirken. Ein günstiger Vertrag
sicherte ihm genügend Freiheit im Unterrichten und für eigene
künstlerische Pläne.[7]

Zu dieser Zeit - so hat man den Eindruck - glich Busonis
Wirkung der einer geistigen Institution. Der Kritiker Adolf
Weismann bezeichnete ihn als die "seit zwei Jahrzehnten be-
wegende Kraft in der Berliner Musik", durch ihn, heißt es weiter,
sei eine Bresche in das in Konventionen und Akademismus erstarr-
te Musikleben Berlins geschlagen worden.[8] In ihrer Vielseitig-
keit, mit den außergewöhnlichen Fähigkeiten als Musiker einerseits und ihrer hohen Geistigkeit und Weltoffenheit andererseits, die sie befähigten, Entwicklungen vorauszusehen und sich
neuen Tendenzen gegenüber offen zu halten, läßt sich die Bedeutung der Persönlichkeit Busonis nur einschätzen, wenn man
die Gesamtheit aller Faktoren seines Wirkens in seiner Zeit
berücksichtigt. Nicht nur die Musiker - und hier wiederum in

erster Linie die junge Generation –, sondern Schriftsteller,
Maler, Bildhauer, Politiker, Wissenschaftler, also Kultur-
und Geistesschaffende der verschiedensten Richtungen, darunter
zahlreiche Intellektuelle internationaler Provenienz, sahen in
Busoni den Vorkämpfer des Aufbruchs in eine neue Zeit. Er ver-
körperte für sie den Prototyp ihrer Ideale künstlerisch-ästhe-
tischer, weltanschaulicher und allgemein menschlicher Art.

Busonis antimilitaristisch-humanistische Haltung während des
Krieges, die sich insbesondere in den Opern "Arlecchino" und
"Doktor Faust", zu denen er Text und Musik schuf, widerspiegelte,
sein Eintreten für Frieden und Völkerverständigung, seine Forderung nach Kunst in höchster Vollendung, nach einer Synthese
von Tradition und Fortschritt bei der Suche nach neuen Wegen
im künstlerischen Schaffen – das alles bewog zum Beispiel den
damals in der Schweiz lebenden Philosophen Ernst Bloch, der Busoni sehr schätzte, in ihm neben Arnold Schönberg einen Anwärter
auf den Nobelpreis zu sehen.[9]

Zu den Stimmen, die Busonis Mitwirken bei der Neugestaltung
des geistig-kulturellen Lebens in Deutschland forderten, gehörte auch der "Aufruf an Busoni" im 1. Heft der von Hermann Scherchen 1920 gegründeten Zeitschrift "Melos": "In dankbarem Ge-
denken an die zwei Jahrzehnte umfassende künstlerische Arbeit
in unserer Stadt, und in der Überzeugung, daß die Bande nicht
zu lösen sind, welche das musikalische und kulturelle Berlin,
wie Deutschland überhaupt mit Ihnen verknüpfen, bitten wir Sie,
hochverehrter Meister Busoni, Ihre ideale, selbstlose Tätigkeit in unserer Mitte wieder aufzunehmen."

Am 13. April desselben Jahres schrieb Scherchen aus Berlin
an Busoni nach Zürich: "Wir Jungen hier hatten schwer zu kämp-
fen u. fast ohne Unterstützung, als die wir uns selber leiste-
ten. Dabei war unser Blick immer zu Ihnen hingewendet, fühlten
wir unser Wollen immer irgendwie durch Sie mitbestimmt ...
Wir warten hier seit anderthalb Jahren, u. fordern nun von
Ihnen, als einem der frühesten und reinsten Vorkämpfer einen
Widerhall."[10]

Schließlich folgte am 20. Juli 1920 in der "Vossischen Zeitung" ein begeisterter "Gruß an Busoni" (von Rudolf Kastner),
der Busonis Rückkehr und Berufung an die Preußische Akademie
der Künste ankündigte.

Da aber begannen sich Gegenstimmen zu erheben, in denen sich unzweideutig rassistische und chauvinistische Tendenzen artikulierten: "Die Berufung Busonis ist ein Schlag ins Gesicht der deutschen Künstler" - denn Busoni ist "Italiener". Diese Berufung ist eine "Blamage vor dem Auslande"[11]. Der das schrieb, ein gewisser Karl Krebs, Professor für Musikgeschichte an der Berliner Musikhochschule, war selbst Mitglied der Akademie der Künste sowie amtlicher Gutachter am Ministerium.

Aber noch konnten solche Angriffe das Ansehen Busonis nicht beschädigen; sie trugen im Gegenteil dazu bei, seine Popularität zu vergrößern, Gegenkräfte auf den Plan zu rufen und die Erwartungshaltung ihm gegenüber zu verstärken. Kurt Weill, Busonis begabtester Schüler, der als erster in die Meisterklasse aufgenommen wurde, schilderte in seinem Artikel "Busoni und die neue Musik" die Situation aus der Sicht der Generation, aus der sich die junge Avantgarde formieren sollte: "Nach dem Umsturz in Deutschland (nach 1918 - d. Verf.) waren auch wir jungen Musiker von neuen Idealen erfüllt, von neuen Hoffnungen geschwellt. Aber wir konnten das Neue, das wir ersehnten, nicht gestalten, wir konnten für unseren Inhalt nicht die Form finden. Wir sprengten die Fesseln, aber wir konnten mit der gewonnenen Freiheit nichts anfangen ... Dann kam Busoni nach Berlin. Wir priesen ihn, weil wir ihn an dem Ziel angelangt glaubten, das wir anstrebten. Aber er war ein anderer geworden."[12]

Was bedeutete das - ein anderer?

Von der Schweiz aus, insbesondere in Zürich, dem Sammelplatz künstlerischer Intelligenz während des ersten Weltkrieges, hatte Busoni die neuen Entwicklungen verfolgen können, die sich in allen Kunstrichtungen anbahnten und in denen sich die Krise des bürgerlichen Kunstbewußtseins Ausdruck verschaffte. Er selbst hatte ja bereits 1907 und in der erweiterten Fassung von 1916 mit seinem "Entwurf einer neuen Ästhetik der Tonkunst" der Musik neue Ausblicke eröffnet und damit eine Herausforderung für die Avantgarde geschaffen. Doch, ob Expressionismus, Futurismus, Surrealismus oder Dadaismus - um einige der wichtigsten Richtungen zu nennen -, sie alle schienen ihm in Sackgassen zu münden beziehungsweise im Experimentalstadium zu verharren, aus dem sich nichts Gültiges entwickeln wollte.

Mit dem Verantwortungsbewußtsein des Künstlers, der von der
Grundüberzeugung ausgeht, daß die große künstlerische Persönlichkeit den Geist der Epoche beeinflussen könnte, erkannte er
es daher als seine Aufgabe, ordnend einzugreifen und aufzu-
bauen, wo etwas in Bewegung gekommen oder zerstört worden war.
Er suchte nach einem übergreifenden, wegweisenden und ordnenden
Prinzip und formulierte es unter dem Begriff "Junge Klassizität"[13]. Auf einen allgemeinen Nenner gebracht, enthält es die
Synthese avantgardistischer und traditioneller Kompositions-
methoden. Als Bewertungskriterium, das sowohl die inhaltsästhe-
tischen als auch die formästhetischen Aspekte umfaßt, sollte
das Maß der Vollkommenheit eines Werkes gelten. Nicht eine bestimmte Haltung oder Methode waren hiermit gemeint, sondern das
Ausschöpfen des gesamten Arsenals kompositionstechnischer Ausdrucksmöglichkeiten aus Vergangenheit und Gegenwart - eine Konzeption, die im Grunde noch heute aktuell ist.

Auch Busonis Wirkung, insbesondere als Lehrer, ist unter diesem Gesichtspunkt zu betrachten. Bietet indessen die Weill-For-
schung gute Ansatzpunkte zur Untersuchung des Lehrer-Schüler-
Verhältnisses und über das Weiterwirken zahlreicher Gedanken
Busonis bei Kurt Weill - was nicht ausschließt, daß trotz allem
noch viele Fragen vergleichender musikanalytischer Art offen
sind -, so wurde der Einfluß Busonis auf andere Schüler und
Zeitgenossen bisher kaum untersucht. Es läßt sich insofern
schwer fixieren, weil eine ganze Reihe von Impulsen, die von
Busoni ausgingen, über das Musikalische hinauswiesen, aber stets
mit diesem verbunden blieben. Nehmen wir seine Operntheorie, die
in den Konzeptionen der Krolloper eine Rolle spielte, oder die
Anregungen, die von seinem "Entwurf einer neuen Ästhetik der
Tonkunst" für die Musiker (aber nicht nur für sie) ausgingen;
sein Einfluß auf Dichter wie Ludwig Rubiner, Jakob Wassermann
und Stefan Zweig oder die Affinität zur Hoffnungsphilosophie
Ernst Blochs, um hier nur anzudeuten, wo Ansatzpunkte für weitere Untersuchungen liegen, die die Wirkung Ferruccio Busonis
erklären. Diese Wirkung rekrutiert sich eben nicht allein aus
seinem kompositorischen Œuvre und seinem Ruhm als Pianist.

Zu Busonis Meisterschülern an der Akademie gehörten neben
Kurt Weill der Deutsch-Russe Wladimir Vogel und drei Schweizer:
Luc Balmer, Robert Blum und Walther Geiser. Außer Weill hatte
keiner von ihnen das volle dreijährige Studium absolviert und
mit einem Diplom abgeschlossen; Blum blieb sogar nur einige Monate Schüler der Meisterklasse. Was darüber hinaus in der Literatur an Namen genannt wird, gehörte nicht dem Kreis der offi-
ziellen Akademie-Schüler Busonis an. Bereits Ende 1920 wurde
Kurt Weill (1900 - 1950) als erster Meisterschüler von Busoni
angenommen und bis zur Eröffnung der Meisterklasse am 1. Juli
1921 betreut. Wladimir Vogel (1896 - 1984) bewarb sich erst
im Frühjahr 1921 um Aufnahme in die Meisterklasse[14]; er brach,
offenbar aus finanziellen Gründen, 1923 das Studium ab[15], blieb
jedoch in Berlin und mit Busoni in Verbindung. Luc Balmer
(geb. 1898) war bereits Klavier- und Kompositionsschüler von
Egon Petri und Hans Huber[16] am Baseler Konservatorium und ging
im Sommer 1921 mit Petri nach Berlin[17], um bei Busoni weiter-
zustudieren. Im Frühjahr 1923 kehrte er in die Schweiz zurück,
wozu ihn die Notwendigkeit des Broterwerbs zwang. Bis Februar
1924 blieb er noch mit Busoni in schriftlicher Verbindung und
berichtete ihm über seine kompositorische Entwicklung[18].
Robert Blum (geb. 1900) hatte ebenfalls schon Komposition stu-
diert, ehe er an die Berliner Kunstakademie kam. Seine Lehrer
waren in Zürich Reinhold Laquai (1894 - 1957) und Philipp
Jarnach (1892 - 1983), wobei Laquai zu dieser Zeit selbst noch
Komposition bei Busoni studierte. Jarnach galt hingegen nicht
direkt als Schüler Busonis, zählte aber seit 1915 zu dessen
engerem Freundeskreis und stand als Komponist unter seinem Einfluß. Er gab 1921 seine Anstellung als Lehrer am Zürcher Konservatorium auf und folgte Busoni nach Berlin, wo er am "Berliner Börsen-Courier" als Kritiker tätig war. Walther Geiser
(geb. 1897) wurde ebenfalls im Frühjahr 1921 in die Meisterklasse aufgenommen, mußte jedoch zwei Jahre später auf Drängen
der Eltern in die Schweiz zurückkehren, zunächst noch in der
Hoffnung, das Studium wieder aufnehmen zu können. Aber auch er
blieb, da sich ihm eine Anstellung bot, dann in der Schweiz.[19]

Zu den Unterrichtsstunden montags und donnerstags fanden sich
häufig Gasthörer ein; es kamen auch Gäste, die, in der Regel eingeführt durch Freunde Busonis, ein Anliegen vortrugen oder an
den immer interessanten Gesprächsrunden zur Teestunde am Donners-
tagnachmittag in seiner Wohnung am Viktoria-Luise-Platz teil-
nehmen wollten. Versehen mit einer Empfehlung des Stellvertre-
tenden Direktors der Musikhochschule, Georg Schünemann, kam so
auch Stefan Wolpe, der sich bereits schriftlich um Aufnahme in
die Meisterklasse bemüht hatte, mit Busoni in Kontakt.[20] Ein
weiterer Gast war der Tscheche und Schreker-Schüler Alois Hába,
der sich, seit Jahren schon unter dem Einfluß von Busonis
Ästhetik-Entwurf stehend, ebenfalls durch Vermittlung Schünemanns im Frühjahr 1921 zu dem Kreis um Busoni gesellte.[21] Hába
fing zu dieser Zeit gerade an, im Vierteltonsystem zu komponieren. Er fand ebenso wie der junge Schweizer Komponist Er-
hart Ermattinger, der durch Philipp Jarnach eingeführt worden
war, bei Busoni Rat und Unterstützung. Über Hába und Schünemann gewann wiederum Busoni, der sich mit Entwürfen zum Bau
eines Dritteltonharmoniums beschäftigte, Einfluß auf eine Gruppe von Musikern und Technikern[22], die auf diesem Gebiet experi-
mentierten. Als Ergebnis kam unter anderem der Bau eines Sechs-
teltonharmoniums nach Busonis Entwürfen durch die Stuttgarter
Firma J. & P. Schiedmayer zustande, das 1926 in der Musikhochschule aufgestellt wurde, das jedoch auch an einigen spiel-
technischen Mängeln krankte.[23]

Wie diese Beispiele zeigen - und es ließen sich weitere anführen: hier sei nur noch auf Edgard Varèse hingewiesen, der
sich auf Busoni beruft -, hat Busonis Ästhetik-Entwurf auf verschiedene musikalische Entwicklungslinien wie eine Initial-
zündung gewirkt. Daß das Interesse daran auch in den zwanziger
Jahren anhielt, das läßt sich einem Brief entnehmen, in dem
Georg Schünemann Busoni von einem Seminar berichtete, das er im
Frühjahr 1923 über den "Entwurf einer neuen Ästhetik der Tonkunst" an der Berliner Hochschule für Musik abhielt.[24]

Als Lehrer scheint Busoni kein Methodiker gewesen zu sein; er
vermittelte kaum kompositionstechnisches Wissen im engeren Sinne
wie Kontrapunkt oder Musiktheorie. Darum empfahl er auch seinen
Schüler Kurt Weill zur Vervollkommnung seiner Kontrapunkt-

Kenntnisse an Philipp Jarnach. Der Unterricht bestand zumeist
aus zwanglosen Gesprächen, in deren Mittelpunkt neben ästhetischen Gestaltungsfragen, häufig am Beispiel Mozart demon-
striert, Bildungsinhalte standen, die weit über das Musikalische
hinausgingen[25].

Busonis Engagement für seine Schüler war beispielhaft. War er
auf Konzertreisen, hinderte Krankheit ihn oder wurde von einem
Schüler das Studium ab- beziehungsweise unterbrochen, ließ er
sich schriftlich über den weiteren Werdegang des Betreffenden
informieren und versuchte so, ihm auf die gleiche Weise ein
fördernder Ratgeber zu bleiben. Er empfahl ihre Werke an Ver-
lage und zur Aufführung, er veranstaltete Privataufführungen in
seiner Wohnung[26], damit die jungen Komponisten ihre Arbeiten
hören und beurteilen konnten, und er plante jährliche öffentliche Konzerte seiner Meisterklasse. Doch nur eines dieser Konzerte ließ sich noch realisieren: Am 7. Dezember 1922 stellten seine fünf Meisterschüler in der Singakademie eigene Werke vor. Unter der Leitung von Hans Unger spielte das Philharmonische Orchester und sang der Chor der Kaiser-Wilhelm-Gedächtnis-Kirche.

Das war das letzte von Busoni initiierte Konzert. Er selbst
trat im Mai 1922 zum letzten Mal als Solist auf, denn die Anzeichen einer schweren Krankheit verhinderten sein weiteres Wirken in der Öffentlichkeit. Dabei war das Wiedererscheinen Busonis im Berliner Musikleben zunächst eine Kette von Erfolgen
gewesen. Hier betrat er allein als Pianist in den ersten anderthalb Jahren zwölfmal das Podium. Mehrere Konzerte leitete er
auch als Dirigent. Die Meinungen über seine Interpretations-
auffassungen waren geteilt; aber das waren sie ebenso dem Pianisten gegenüber. Wieder versuchte er - wie schon vor dem Krieg
in den von ihm organisierten Konzerten mit neuer oder selten
gespielter Musik -, dem Berliner Publikum noch unbekannte Werke vorzustellen. So erlebte am 2. November 1921 unter seiner
Leitung die 5. Sinfonie seines Freundes Jean Sibelius, zu dessen Bekanntwerden in Deutschland er schon in früheren Jahren
beigetragen hatte, ihre Berliner Erstaufführung. Busonis Kla-
vierabende, insbesondere aber die Interpretation von sechs Mo-
zart-Konzerten mit den Philharmonikern an zwei Abenden im De-

zember 1921, waren künstlerische Ereignisse allerhöchsten Ranges, zu denen sich ein international zusammengesetztes Publikum einfand.

Und in einer bisher beispiellosen Weise kam nun auch der Komponist Busoni zu Wort: Im Januar 1921 veranstalteten die "Musikblätter des Anbruch" drei Busoni-Konzerte, in denen insgesamt dreizehn Werke von ihm aufgeführt wurden; Busoni trat in ihnen als Solist und neben Gustav Brecher als Dirigent in Erscheinung. Die Toccata für Klavier, das Flötendivertimento, beide noch in der Schweiz komponiert, sowie Busonis erste in Berlin entstandene Komposition, der dem Andenken Johann Strauß' gewidmete Tanzwalzer, erlebten ihre Uraufführungen. Gleichzeitig erschien ein Busoni gewidmetes Sonderheft des "Anbruch", ein weiteres Busoni-Sonderheft brachten die "Blätter der Staatsoper" heraus, und am 19. Mai 1921 hatten die Opern "Turandot" und "Arlecchino" als Berliner Erstaufführungen in der Staatsoper Premiere; 1922 erschien Busonis Aufsatzsammlung "Von der Einheit der Musik" in Max Hesses Verlag, Berlin, und Wilhelm Furtwängler dirigierte in einem Konzert der Staatskapelle die beiden Fauststudien "Sarabande und Cortège".

Ferruccio Busoni konnte also in Berlin zu Beginn der zwanziger Jahre Anerkennung und Erfolge aufweisen wie kaum eine andere Musikerpersönlichkeit in dieser Zeit. Es gehört zur Tragik seines Künstlerlebens, daß die Krankheit, die schließlich 1924 zum Tode führte, diesem Aufschwung ein so schnelles Ende setzte. Zwei Jahre noch lebte Busoni, mehr oder weniger zurückgezogen, im Kreise seiner Freunde und Schüler. Dem Neuen gegenüber aufgeschlossen, aber auch verstärkt pessimistischen Auffassungen Ausdruck verleihend, schrieb er in diesen Jahren noch eine Reihe bedeutender Aufsätze, komponierte, edierte, bearbeitete...

Im Berliner Musikleben wurde es rasch still um ihn. Seine Werke verschwanden allmählich von den Programmen; 1923 kamen lediglich zwei Orchesterlieder von ihm in einem Konzert zur Uraufführung, das die Internationale Gesellschaft für Neue Musik (Sektion Deutschland) veranstaltete.[28] Trotzdem umgab Busoni auch in der Folgezeit die Aura eines Wegbereiters, der gleichzeitig ein großer humanistischer Künstler war. Hermann Scherchen brachte das, dabei auf das weiterwirkende Prinzip der "Jungen Klassizität" und seinen ethischen Aspekt anspielend, in

59

einem Brief an Busoni zum Ausdruck: "Es ist mir ein besonderes
Bedürfnis Ihnen zu sagen, wieviel Scheu und heimliche Liebe Ihnen
all die Jungen entgegenbringen, die in irgend einem Punkt ernsthaft begabt sind und dem Fest (Frankfurter Kammermusikwoche im
Juni 1923 - d. Verf.) beigewohnt haben. Ich sage Scheu und heimliche Liebe, weil durch die Zurückgezogenheit, in der Sie jetzt
leben, Viele, deren jugendliche Begeisterung sie zu Ihnen drängt,
Sie doch nicht zu erreichen vermögen, wenngleich Ihr Werk und Ihre
Persönlichkeit auch alle anrührt. Es gehört ihnen viel mehr und
Sie selbst gehören weit Vieleren als Sie ahnen und als Berlin es
jetzt Ihnen zu zeigen vermag. Sie sind der Einzige, der auf alle
ordnend wirkt - mögen sich aus der Kinderkrankheitserscheinung
verschiedener Richtungen noch soviel Hemmungen ergeben, immer
wird bei Ihnen Klärung, Vereinfachung und damit Hinführen zu dem
Besten in jedem selbst empfunden."[29]

Berlin ehrte Busoni, indem es ihm, der das Kulturbild der
Stadt in so einmaliger und einzigartiger Weise mitgeprägt hatte,
ein künstlerisch eindrucksvoll gestaltetes Grabmal stiftete, das
der Bildhauer Georg Kolbe schuf.[30] Die Uraufführung der vom Komponisten unvollendet hinterlassenen und von seinem Freund Phi-
lippJarnach ergänzten Oper "Doktor Faust" fand allerdings 1925
unter Fritz Buschs Leitung in Dresden statt. Erst 1927 folgte
ihre Berliner Aufführung an der Staatsoper; ein Jahr zuvor war
die "Brautwahl" in einer kurzlebigen Inszenierung der Städtischen Oper herausgekommen. Wenn Weill, Jarnach, Vogel und einige
andere bis zu Beginn der dreißiger Jahre auch versucht haben, das
Andenken Busonis zu bewahren, die kulturelle "Flurbereinigung"
des Nationalsozialismus ging auch an Busoni, dem Vorläufer und
Anreger der musikalischen Avantgarde nicht vorüber, zumal eine
ganze Reihe von Schülern und Freunden Busonis der "Novembergruppe" oder anderen progressiven Gruppierungen angehörten beziehungsweise angehört hatten. Die Kampagne, die Hans Gerigk, ein
Protagonist der NS-Kulturpolitik und Mitherausgeber des berüchtigten "Lexikon der Juden in der Musik", gegen Busoni in den
Jahren 1934/35 durchführte[31], brachte - wie vieles andere auch
in dieser Zeit - eine Entwicklung zum Erliegen, deren Erbe wir
heute zu sichten und uns neu anzueignen beginnen.

Dokumente

1. Busoni als Komponist
(Max Marschalk in: Vossische Zeitung, 11. (?) Januar 1921)

Ferruccio Busoni ist kein gewöhnlicher Sterblicher; er ist ein
Halbgott oder ein Ganzgott. Wer nicht erstirbt, wird von der
Busoni-Gemeinde über die Achsel angesehen. Er ist ein feiner
Kopf, der gewählte Gedanken in gewählte Worte faßt, ein nach-
denklicher Aesthetiker, also durchaus eine Seltenheit unter unseren Musikern. Und wer wollte es leugnen, daß er als Klavierspieler eine Sonderstellung einnimmt, wennschon seine Kapazi-
tät nicht unbegrenzt ist! Wie steht es nun aber um den Tondich-
ter Busoni? Der "Anbruch" veranstaltet einen "Busoni-Zyklus".
In drei großen Konzerten wird Wesentliches aus seinen Werken
vorgeführt. Das erste Konzert fand bereits statt und brachte:
Lustspielouvertüre, op. 38, Violinkonzert, op. 35, Berceuse
élégiaque, op. 42, Nocturne symphonique, op. 43 und Orchester-
suite aus der Oper "Die Brautwahl". Der klassische und der moderne Busoni kamen also zu Gehör, und man kann wohl sagen, daß
weder der klassische noch der moderne einen tieferen Eindruck
hinterließ. Es war ein etwas langweiliger Abend. Ob sich Busoni
als Komponiervirtuose dem reinen Spiel der Töne zuwendet oder
ob er als Ton-"Dichter", der "Musik als tönende Luft, als Teil
des schwingenden Weltalls" empfindet - im 42. und 43. Werke -
eigenwillige und tiefsinnige Rezeptmusik verfertigt: überall
fehlt (wenigstens in den Werken dieses Programms) die wirklich
schöpferische Kraft, die sich im originalen, zwingenden Ein-
fall offenbart. Doch warten wir den weiteren Verlauf des "Fe-
stes" ab. Vielleicht wird der Lärm um Busoni durch den "Busoni-
Zyklus" auf das rechte Maß zurückgeführt werden; vielleicht wird
"der Anbruch" für den Anbruch einer modifizierten Erkenntnis
des wahren Wesens unseres immerhin großen und sympathischen Meisters gesorgt haben.

(Leopold Schmidt in: Berliner Tageblatt, 11. Januar 1921)

Im "Anbruch" gab es wieder einen Busoni-Abend. Diesmal stand der
Meister am Pult und leitete die Philharmoniker bei der Wieder-
gabe eigener Werke. Ich sehe ihn gern so, er hat das Sachliche,

die Selbstverständlichkeit des Schaffenden und ist mit der Diri-
gentensprache wohlvertraut. Nicht leicht ist es, Busonis Wegen
zu folgen, weil er zu denen gehört, die sich und uns unvermit-
telt und sprunghaft in eine neue Tonwelt versetzen. Sein Schaffen zerfällt in zwei wesentlich verschiedene Abschnitte. Noch
in der "Lustspielouvertüre" op. 38, einem reizend munteren, eher
akademischen als aufrührerischen Stück, und in dem hübschen, deutlich von Brahms und Beethoven beeinflußten Violinkonzert op. 35,
das Emil Telmanyi mit schönem Ton und glänzender Ueberwindung
technischer Schwierigkeiten spielte, da sehen wir Busoni durchaus an die Vergangenheit anknüpfen, zwar wählerisch, aber be-
flissen, sich zunächst die Herrschaft über die üblichen Dar-
stellungsmittel (die virtuosischen nicht ausgeschlossen) zu si-
chern. Zur Zeit der "Berceuse élégiaque" (op. 42) beginnt dann
eine neue Schaffensperiode. Busoni läßt sich von dem Neoimpres-
sionismus der Franzosen anregen und folgt Schönbergschen Prinzipien; seine Musik hat wenig oder nichts mehr mit den uns gewohnten Klangvorstellungen, mit unseren Begriffen von Rhythmik
und Harmonik zu tun. Die Plötzlichkeit und Gründlichkeit der
Wandlung deutet nicht sowohl auf innere Notwendigkeit der Entwicklung, als auf spekulatives Erfassen einer absichtlich neuen
Gestaltungstheorie. Schon das macht bedenklich. Bei der Berceuse
(wir kennen sie schon aus früheren Aufführungen) kann man sich
immerhin noch Stimmungsmomente als zwingend vorstellen. Das
"Nocturne symphonique" (Busoni betont schon in den Titeln sein
Romanentum) macht lediglich den Eindruck eines gewagten Experi-
mentes. Ist dies neue Kunst, so entbehrt sie sicherlich jeder
befreienden und beglückenden Wirkung. Das Concertino für Klari-
nette und kleines Orchester op. 48, dem Karl Eßberger sein emi-
nentes Können lieh, befremdet durch die klangliche Isolierung
des Soloinstrumentes dem meist dunkel gefärbten Orchester gegenüber und durch die Inkonsequenz, mit dem es (bei Busoni keine
Seltenheit) aus dem angeschlagenen Stil in einen philiströs
kadenzierenden Schluß fällt. Aus der erfolglos aufgeführten
Oper "Die Brautwahl" (ich hörte sie in Hamburg) hat der Komponist eine Suite zusammengestellt, die wohl im einzelnen nach
Charakteristik strebt, von der aber nur Anfang und Ende - das
spukhafte und das heitere Stück - musikalisches Leben haben. -

Ich stehe diesen Dingen vorläufig so gegenüber. Man sei so neu
u. fremdartig, wie man wolle. Ich bin bereit, bis an die äußerste
Grenze mitzugehen; nur eines ist Bedingung: zerstörte Werte müssen durch neue ersetzt werden. Es muß in all dem eine Substanz
sein, die mich interessiert, der neue Ausdruck muß das notwen-
dige Kleid neuer Gedanken sein. Das Neue um seiner selbst willen,
mag es noch so geistreich, noch so zukunftsreich sein, bleibt
Theorie, bleibt Experiment. Bei Busoni e tutti quanti vermisse
ich die (musikalischen) Gedanken.

2. Busoni als Interpret
(Leopold Schmidt in: Berliner Tageblatt, 2. (?) Januar 1922)

... als Mozartinterpret am Flügel ist uns Busoni in den langen
Jahren seiner Pianistentätigkeit kaum begegnet. Jetzt hat er
es nachgeholt und an zwei Abenden in der Philharmonie nicht weniger als sechs Mozartische Klavierkonzerte gespielt. Und das
mußte wohl für die musikalische Welt ein Ereignis werden ...

Da ist zunächst von der Wandlungsfähigkeit des Busonischen
Tones, von seiner Anschlagskunst zu sprechen. Ohne etwa zimper-
lich das Cembalo vortäuschen zu wollen, paßt Busoni durch Aus-
schaltung der modernen Klangfülle und der modernen Dynamik den
Ton der Zeit und dem Stil der Werke an, gestaltet ihn maßvoll,
spielerisch, ebenmäßig. Schon das war meisterlich. Die Melodik
ferner, namentlich der langsamen Sätze, hatte Schönheit ohne
Sentimentalität: Rokokocharakter. Wie Busoni seinen Mozart einerseits ins Intime rückt, so gibt er ihm andererseits, in den
Allegrosätzen, oft etwas Bravouröses, Virtuosisches ... Eine
wichtige Rolle spielt bei Mozart die Rhythmik, die Phrasierung,
die Tempoeinheit. Im Rhythmischen entfernt sich Busoni vom Ideal
des Mozartspielers und geht, seiner Natur allzu willig nachge-
bend, seine eigenen Wege. Hier ist der Punkt, wo man mit ihm
streiten kann ... Mozart hat sich über das "Rubato", das er
keinesfalls verwarf, und über dessen Ausartung ins Unrhythmische
des öfteren und deutlich ausgesprochen. Im allgemeinen ver-
langte er seine Musik streng im Zeitmaß vorgetragen und empfand
Abweichungen als unkünstlerisch, frauenzimmerlich. Gelegentlich
rühmte er sich seiner strengen Rhythmik. Die Hörer seien ver-
blüfft gewesen, daß er ausdrucksvoll und "frei" und doch "im
Tempo" gespielt habe ... Busoni bedarf zuweilen des Tempo-

wechsels, um ausdrucksvoll zu sein, Gegensätze zu markieren, und darüber hinaus ist seine Phrasierung nicht selten rhythmisch kapriziös. Das macht es auch für den Dirigenten so schwer, ihn zu begleiten.

(Bruno Goetz: Berliner Musikleben, in: Deutsche Rundschau, Jg. 48, 1922, Mai-Heft, S. 196.

Wenn wir Busoni Mozart spielen hören, so vergessen wir, was wir sonst von Mozart wissen. Es ist nicht mehr der lieblich-tändelnde, ewig lächelnde Rokoko-Mozart, wie er als Klischee in den Köpfen der meisten ein dürftiges Dasein führt, sondern ein feuriger, zarter und strenger Geist, dessen Klarheit und Heiterkeit einem nächtigen Boden entspringen und mitunter von blitzender Dämonie durchzuckt, von versunkener Schwermut beschattet werden: der unterirdische Mozart wird für uns lebendig - nicht so, daß er den Lichtgenius verdunkelte, sondern daß er sich mit ihm ververmählt und wir nun einen neuen Mozart hören, der reicher und stärker ist als der, den wir bisher gekannt. Busonis Spiel holt aus seinen Werken das Verborgene heraus, das von den Früheren nicht beachtet worden ist, und das einem Interpreten unserer Tage zum Leben zu erwecken gelingt, weil unsere Geister und Herzen dieses neuen Mozarts bedürfen.

3. Busoni und seine Schüler

(anon.: Die Busoni-Klasse, in: Berliner Morgenpost, 12. Dezember 1922)

Und jetzt haben wir in der Singakademie bereits die ersten reiferen Früchte von Busonis Lehrtätigkeit an mehreren fragmentarischen und organischen Stücken von fünf seiner Schüler kennengelernt. Man muß, ja darf solche Werke der durchweg jugendlichen Tonkünstler noch nicht als vollgültig ansehen und unter die kritisch-sezierende Lupe nehmen ... es ist Jugend, tatenfreudige Jugend, die durchweg hinausstrebt aus dem versickernden Strom falscher Romantik und Klassizität. Daß sie darüber das sichere Fundament der Formen, der Notwendigkeit kontrapunktischer Klarheit nicht vergesse: darüber zu wachen ist wohl keiner berufener als Busoni. Prächtig ist es, wahrzunehmen, wie die entspannte Geistigkeit, die vorwärtsdrängende Presto-Lebendigkeit Busonischer Musikantik, aber auch die zarteste Seelenhaftigkeit seiner augenblicklichen Schaffensperiode bereits merkbare Wurzel in den Gemütern der Jünger schlägt.

Von dem Moskowiter Wladimir Vogel zwar, der mit einem einsätzigen "sinfonischen Vorgang" in Dr. Heinz Unger den einfühlsamsten und beweglichsten Dirigenten des Abends gefunden hatte – von ihm trifft das Gesagte am wenigsten zu, denn dieser Vogel singt durchaus so, wie ihm der Schnabel gewachsen. Er ist der Ungebärdigste, Stürmischste der fünf, hat bereits Stravinskysche Sprunghaftigkeit im Rhythmus und schnellenden Taktwechsel, enthüllt seine wild-explosive Natur noch ziemlich ungezügelt. Aber da ist ein musikgeladenes Temperament von elementarer Stoßkraft, ein Mensch, der den Mut zur Rücksichtslosigkeit des Ausdrucks hat. Wie wird er sich entwickeln?

Dann nicht weniger als drei Schweizer Staats- und Musikbürger, insgesamt etwa siebzig Jahre alt...Walther Geiser mit einer echten Komödien-Ouvertüre von kürzester Fassung, klar im Satz, locker instrumentiert, fesselnd gebaut; Robert Blum mit drei kurzen Orchsterstücken, eines besser instrumentiert als das andere, gewählte harmonische Feinheiten – man merkt, daß er aus Jarnachs Schönheitsbereich zu Busoni kam; endlich Luc Balmer, der den letzten Teil der Sinfonie vorführte, eine erfinderisch etwas zahme, aber schon äußerst gewandt formulierte Musik mit ausgesprochenem Hang eher zu kraftvoll-eindringlicher als poetisch-erblühender Melodik.

Das ernsteste der Werkchen stammt von dem in Dessau geborenen Kurt Weill. Auch über ihn könnte man deutlicher urteilen, hörte man größere Arbeiten. Dieser herb kontrapunktierte Satz aus einem Divertimento hat etwas Starres, Grüblerisch-Pessimistisches. Kein Wunder: gipfelt er doch, nachdem schon die Instrumentation nur mit Streichern, zwei Posaunen, Hörnern und Pauke sich asketischer Klangenthaltsamkeit befleißigt, in einem als Cantus firmus wirkenden Männerchor auf das seltsame Bußgedicht Jens Peter Jacobsens – wie ein Volk den Zorn Gottes scheu und ängstlich abwehrt. Obwohl der ganze Satz zu lang geraten, spricht sich Weills unleugbare Sonderbegabung so deutlich aus, daß man seinen weiteren Kundgebungen bald begegnen möchte. Die jungen Komponisten waren mit mehr oder weniger Dirigiertalent

ihre eigenen Interpreten und wurden von dem vollen Saal an-
spornend beifallsfreudig ermuntert.

Anmerkungen

1 Walter Dahms in: Neue Preussische Kreuz-Zeitung, Berlin,
  Morgenausgabe vom 14. März 1914.

2 Leopold Schmidt in: Berliner Tageblatt vom 18. Februar 1914.

3 Busoni kehrte am 11. September 1920 nach fünfjährigem Aufenthalt in Zürich nach Berlin zurück.

4 F. Schreker hatte versucht, Busoni für eine Lehrtätigkeit
  an der Berliner Hochschule für Musik zu gewinnen. Busoni war
  jedoch darauf nicht eingegangen (s. Schrekers Briefe an Busoni vom 15. und 23. April 1920 im Busoni-Nachlaß der Deutschen Staatsbibliothek Berlin).

5 Daneben wurden an der Preußischen Akademie der Künste zwei
  weitere Meisterklassen für Komposition von Hans Pfitzner
  und Georg Schumann geleitet. Kestenberg war es auch, der
  nach Busonis Tod 1924 Arnold Schönberg als Nachfolger gewann.

6 Busoni war seit seiner Kindheit sowohl als Pianist als auch
  als Komponist hervorgetreten; doch stand sein Schaffen stets
  im Schatten seiner Erfolge als Klaviervirtuose.

7 Der von Busoni und Kestenberg am 30. Juli 1920 in Zürich
  unterzeichnete Vertrag mit der Preußischen Akademie der Künste sicherte Busoni ab 1. Januar 1921 eine Anstellung für
  zunächst fünf Jahre mit einem jährlichen Urlaubsanspruch von
  sechs Monaten. Der jährliche Vergütungsanspruch dafür
  betrug 34 000,- RM. Die Unterrichtszeit war vom 1. Juli
  bis 31. Dezember im Jahr begrenzt, die Zahl der Schüler jedoch nicht festgelegt. Es wurde Busoni gestattet, den Unterricht in der eigenen Wohnung am Viktoria-Luise-Platz (Bezirk
  Schöneberg) durchzuführen. Weiterhin war vorgesehen, in Fras-
  cati, einem Villenort in der Nähe von Rom, Unterrichtsmög-
  lichkeiten für Busoni zu schaffen (s. Vertrag im Busoni-
  Nachlaß der Deutschen Staatsbibliothek Berlin).

8 A. Weißmann: Die Produktion, in: Musikblätter des Anbruch,
  Jg. 3, 1921, H.19/20, S. 353.

9 Vgl. E. Bloch: Durch die Wüste, Berlin 1923, S. 69.

10 Mus. ep. H. Scherchen 4 (Busoni-Nachlaß der Deutschen Staatsbibliothek Berlin).

11 Der öffentliche Angriff auf Busoni erschien am 10. und
   11. September 1920 in der Zeitung "Der Tag", an der Karl
   Krebs als Kritiker tätig war (zitiert nach P. Bekker:
   Berliner Musikpolitik, in: Frankfurter Zeitung vom 15. Oktober 1920).

12 K. Weill: Ausgewählte Schriften, hg. von David Drew, Frankfurt am Main 1975, S. 21.

13 Paul Bekker veröffentlichte Busonis Brief, in dem dieser
   seine Gedanken zum Prinzip der "Jungen Klassizität" erst-
   malig darlegte, in der Frankfurter Zeitung vom 7. Februar
   1920.

14 Siehe Wladimir Vogels Brief an Busoni vom 22. März 1921
   (Busoni-Nachlaß der Deutschen Staatsbibliothek Berlin).

15 Vgl. Wladimir Vogel: Schriften und Aufzeichnungen, Zürich,
   Freiburg i. Br. 1977.

16 Egon Petri (1881 - 1962), Pianist und ehemaliger Klavierschüler Busonis, wirkte von 1921 bis 1926 an der Berliner
   Hochschule für Musik. Hans Huber (1852 - 1921), Komponist
   und Musikpädagoge, war Direktor des Baseler Konservatoriums.
   Beide gehörten zum engsten Freundeskreis Busonis.

17 Vgl. Busonis Brief an Volkmar Andreae vom 15. Juni 1921,
   in H.H. Stuckenschmidt: Ferruccio Busoni. Zeittafel eines
   Europäers, Zürich, Freiburg i. Br. 1967, S. 47 ff.

18 Siehe Luc Balmers Briefe an Busoni (Busoni-Nachlaß der
   Deutschen Staatsbibliothek Berlin).

19 Siehe W. Geisers Briefe an Busoni (Busoni-Nachlaß der Deutschen Staatsbibliothek Berlin). - Zu den Schweizer Kompo-
   sitionsschülern vgl. auch "Schweizer Komponisten unserer
   Zeit", hg. von M. Seidl und H. Steinbeck, Winterthur 1983.

20 Siehe Stefan Wolpes Brief an Busoni vom 18. März 1921 (Busoni-Nachlaß der Deutschen Staatsbibliothek Berlin).

21 Siehe Alois Hábas Brief an Busoni vom 21. März 1921 (Busoni-Nachlaß der Deutsche Staatsbibliothek Berlin). Hába
   berichtet darin u.a. über die große Wirkung, die Busonis
   "Entwurf einer neuen Ästhetik der Tonkunst", den er fünf
   Jahre zuvor (also 1916) kennenlernte, auf ihn ausgeübt habe.
   Er habe ein Streichquartett im Vierteltonsystem komponiert
   (es handelt sich hierbei um Hábas 2. Streichquartett op. 12)
   und bittet Busoni darum, ihn besuchen zu dürfen. – Auf Busonis
   Anregung hin komponierte Hába 1923 sein 5. Streichquartett
   op. 15 im Sechsteltonsystem. Hábas Aussage, seine Begegnung
   mit Busoni habe im Jahr 1923 stattgefunden, beruht somit auf
   einer Erinnerungstäuschung (vgl. A. Hába: Mein Weg zur Vier-
   tel- und Sechsteltonmusik, Düsseldorf 1971. S. 42).

22 Neben Hába gehörten zu dieser Gruppe Iwan Wyschnegradsky,
   Jörg Mager und Willi von Möllendorf. Für die Realisierung der
   Entwürfe Busonis setzten sich besonders Georg Schünemann und
   Leo Kestenberg ein.

23 Georg Schünemann: Busonis Drittel- und Sechstelton-Harmonium,
   in: Die Musik, Jg. 20, 1928, H.6, S. 445-446.

24 Siehe Georg Schünemanns Brief an Busoni vom 8. September 1923
   (Busoni-Nachlaß der Deutschen Staatsbibliothek Berlin).

25 Vgl. dazu K. Weills Briefe im Busoni-Nachlaß, ebenso Wladimir Vogels Aussagen in seinen "Schriften und Aufzeichnungen".
   Zürich, Freiburg i. Br. 1977, S. 173.

26 Beispielsweise ließ Busoni Weills Streichquartett op. 8 im
   Frühsommer 1923 in seiner Wohnung durch das Roth-Quartett
   aufführen; außerdem empfahl er es der Universal Edition Wien
   zum Druck. Da das Quartett für eine Aufführung zum Donaue-
   eschinger Kammermusikfest trotz seiner Empfehlung abgelehnt
   worden war, erreichte Busoni bei Hermann Scherchen die Annahme des Werkes in der von Weill inzwischen hergestellten
   2. Fassung für die Frankfurter Kammermusikwoche im Juni 1923.

27 Die Mozart-Konzerte fanden unter der Leitung von Otto Marien-
   hagen am 14. und 16. Dezember 1921 statt. Gustav Brecher, der
   die Konzerte ursprünglich dirigieren sollte, trat infolge
   auftretender Differenzen in Interpretationsfragen mit

Busoni von der Leitung der Konzerte zurück. Busoni spielte
an den zwei Konzertabenden KV 491, 453, 482 und 466, 488,
467 mit eigenen Kadenzen. Eine Wiederholung fand am 12. Januar 1922 mit der Staatskapelle unter Leo Blechs Leitung statt,
wo Busoni noch einmal drei Mozart-Konzerte spielte.

28 In diesem Konzert am 27. April 1923 erklangen "Lied des
Mephistofeles" und "Zigeunerlied" für Bariton und Orchester
von Busoni; im Programm standen weiterhin Schönbergs sinfo-
nische Dichtung "Pelleas und Melisande" und das Violinkonzert
op. 20 von Adolf Busch.

29 Brief Hermann Scherchens an Busoni vom 24. Juni (Busoni-
Nachlaß der Deutschen Staatsbibliothek Berlin).

30 Vgl. P. Bekker: An Busonis Grab. Gedenkrede (zur Enthüllung
des von Georg Kolbe geschaffenen Grabmals für Busoni
am 17. 6. 1925), in: Vossische Zeitung, Unterhaltungsblatt
vom 18. Juni 1925.

31 Vgl. Hans Gerigk: Bemerkungen über Busoni, in: Die Musik,
Jg. 26, 1934, S. 807 f., und ders.: Neue Bemerkungen über
Busoni, ebenda Jg. 27, 1935, S. 189 f.

Mathias Hansen

Arnold Schönberg und seine Berliner Schüler

"Lieber Freund, wir stammen beide aus jener guten alten Zeit,
wo die unsympathischen Menschen sich selbst dadurch kenntlich
machten, daß sie uns 'Neutöner' nannten ... Wir, unsere Generation ist insofern alt geworden, als heute - naturgemäß -
einige Generationen Jüngerer bereits in Gefahr zu sein glauben,
für alt zu gelten, wenn sie sich nicht jung schreien."[1]
    Diese Sätze stammen aus einem Brief, den Schönberg zum
50. Geburtstag von Franz Schreker im März 1928 geschrieben hatte. Die Freundschaft zwischen beiden Musikern geht bis in die
Vorkriegsjahre zurück. 1913 leitete Schreker die Uraufführung
von Schönbergs opulenten "Gurreliedern", und er war es auch,
der mit seiner Stimme entscheidend die Aufnahme Schönbergs in die
Preußische Akademie der Künste zu Berlin unterstützte. Zunächst,
im Frühjahr 1925, war eine Zuwahl als "auswärtiges" Mitglied vorgesehen, aber durch den Tod von Ferruccio Busoni (1924) mußte
außerdem die Leitung von dessen Meisterklasse für Komposition
neu besetzt werden. Und wiederum votierte Schreker für Schönberg, mit Erfolg: Nachdem im August 1925 die erforderlichen Ab-
sprachen mit dem zuständigen Musikreferenten im Preußischen Ministerium für Wissenschaft, Kunst und Volksbildung, Leo Kestenberg, getroffen worden waren, übernahm Schönberg zum 1. Oktober die Meisterklasse. Laufende Arbeiten und Schwierigkeiten bei
der Übersiedlung nach Berlin verzögerten jedoch den Beginn der
neuen Lehrtätigkeit bis Januar 1926. Entgegen dem eingangs zitierten Brief, der die Sicht eines späteren Zeitpunkts vermittelt, glaubte Schönberg, sich in Berlin jene Anerkennung und
Resonanz verschaffen zu können, die ihm seine Heimatstadt Wien
verweigert hatte. Begleiteten hier vor 1914 Skandal und Verriß
die keineswegs üppigen Gelegenheiten, als Komponist und Inter-
pret vor die Öffentlichkeit zu treten (die erfolgreiche Uraufführung der noch tonalen, bereits um die Jahrhundertwende im

71

wesentlichen komponierten "Gurrelieder" blieb eine recht krasse
Ausnahme!), so zog sich Schönberg nach 1918 weitgehend und geradezu demonstrativ zurück. Er gründete den "Verein für musikalische Privataufführungen" (!), mit dem er den Versuch unternahm,
eine von Kommerz und Parteienstreit unabhängige Interpretations-
praxis zu entwickeln; er widmete sich der Ausarbeitung einer
neuen Kompositionstechnik, die er als "Komposition mit zwölf nur
aufeinander bezogenen Tönen" bezeichnete; und Schönberg nahm
wieder den Kompositionsunterricht auf, der bisher als einziger
Bereich seines künstlerischen Wirkens keine kritischen Angriffs-
punkte geliefert hatte.

Schönberg, selbst Autodidakt, lehrte in Wien seit 1903, nachdem er zuvor bei seinem ersten Aufenthalt in Berlin am dortigen
Sternschen Konservatorium Theoriekurse gegeben hatte, die freilich auf nur geringe Resonanz gestoßen waren. Als 1904 Alban
Berg, Anton Webern und mit ihnen eine Reihe weiterer begabter
Musiker zu Schönberg kamen, verwandelte sich der Unterricht bald
in eine schöpferische Zusammenarbeit, die auf dem Hintergrund
des Übergangs von der Tonalität zur Atonalität, der Geburts-
phase dessen, was wir als "Neue Musik" bezeichnen, zur Bildung
jenes Kreises führte, der später als "Wiener Schule" ebenso be-
rühmt wie berüchtigt wurde. Die "Zusammenarbeit" innerhalb der
"Schule" hatte allerdings stets zur Voraussetzung, daß Schönbergs
Autorität maßgeblich blieb - eine Voraussetzung, der sich die
Schüler auch gänzlich unterwarfen. Aus diesem merkwürdigen und
keineswegs konfliktlosen Wechselspiel ging eine Künstlergruppie-
rung hervor, die Friedrich Cerha als durchaus zeittypisch charakterisierte: "Schönberg war - wie d'Annunzio und George - im gefährdeten geistigen Klima des ausgehenden 19. und beginnenden
20. Jahrhunderts einer jener Geister, denen - absolute Autori-
täten auf ihrem eigentlichen Gebiet, Leitbild in der sichtbaren
Verantwortlichkeit ihres Vorgehens - in ihrem Kreis die Funktion
von 'Propheten', fast von 'Heiligen' zukam, in deren Schutzman-
tel man - gebannt und geborgen zugleich - zum 'Eingeweihten'
emporwachsen konnte ... Die Kenntnis und die Verehrung der Leistung des Meisters, die Ahnung der - zeitlich begrenzt oder
essentiell gesehen - Nichtkommunizierbarkeit des Erfahrenen
an eine große Masse und das Erlebnis der öffentlichen Mißachtung,

das aus dem Stand des Auserwähltseins zugleich auch einen Stand des Ausgesondertseins werden läßt, all das erklärt die 'Geheimbündelei', das Sektierertum, die Scheu, vor einen Kreis von Außenstehenden zu treten, die dem Schönberg-Kreis oft vorgeworfen wurde."[2]

Cerhas Worte treffen zweifellos Schönbergs Situation in den beiden großen Wiener Lehrperioden vor und nach dem ersten Weltkrieg. Dürfen Sie aber auch noch für die Berliner und die späteren Exiljahre als gültig bezeichnet werden? Für das Exil in den USA in keinem Fall, aber auch die Arbeit in der Berliner Akademie legt vorsichtiges Urteilen nahe. Harald Kaufmann spricht denn auch von einem "Tochterkreis der Wiener Schule" - einige Schüler, unter ihnen Winfried Zillig, folgten dem Lehrer von Wien nach Berlin, andere, die meisten, wurden von Berg und Webern übernommen. Es tat sich, je länger Schönbergs Aufenthalt in der preußischen Hauptstadt währte, eine immer größer werdende Kluft auf zwischen künstlerischer und pädagogischer Arbeit, eine Kluft, die es früher niemals gegeben hatte. Die folgenden Bemerkungen wollen deren Ursachen ein wenig beleuchten.

Nahezu von Beginn an ist Schönbergs künstlerische Existenz auf die Einheit von Lehre und Komposition gegründet. Koordinierung und wechselseitige Steigerung von schöpferischen Potenzen erfolgten dabei auf unterschiedlichen, aber immer zusammenhängenden Ebenen, zu denen auch die schriftstellerischen, bildnerischen und selbst die handwerklich-technischen sowie sportlichen Äußerungsformen gehörten. Daß er sich wünschte, Gustav Mahler beim Krawattebinden beobachten zu dürfen, weil er sich davon einen größeren künstlerischen Erkenntnisgewinn versprach, als ihn ein akademisch beengter Unterricht vermitteln könnte; daß er betonte, die "Harmonielehre" von seinen Schülern gelernt zu haben, ist alles andere als freundlich-verbindliche Koketterie - Schönberg war es damit heilig-nüchterner Ernst. Und er hatte Erfolg damit, den auch die Gegner anerkennen mußten. Schönberg, nach wie vor als Komponist umstritten und insbesondere von der Mehrzahl der Fachleute als Traditionsverächter bekämpft, erwarb sich im Lauf der zwanziger Jahre einen kaum mehr abzustreitenden Ruf als Pädagoge, der ihm auch die Türen der Berliner Akademie öffnete.

Und die Aussichten waren hier vielversprechend. Erstmals in seinem Leben fand Schönberg eine gesicherte Stellung, die ihm nicht nur die aufreibende Sorge um den materiellen Lebensunterhalt nahm, sondern auch jene Anerkennung bringen sollte, auf die er durch sein Werk längst einen rechtmäßigen Anspruch zu haben meinte. Außerdem hielt der Unterrichtsmodus günstige Bedingungen für die eigene kompositorische Arbeit bereit: Schönberg hatte halbjährlich zu unterrichten, wobei ihm die Stundenverteilung freigestellt war. Lehrausfälle durch umfangreichere Kompositions- oder Aufführungsprojekte sollten "nach Möglichkeit", wie es im Vertrag heißt,[3] im darauffolgenden Jahr ausgeglichen werden. In der Tat entstanden bis 1933 zahlreiche neue und gewichtige Werke wie die Chorstücke op. 27, 28 und 35, die Orchestervariationen op. 31, das 3. Streichquartett op. 30, die Oper "Von heute auf morgen" op. 32, die "Begleitmusik zu einer Lichtspielszene" op. 34, das Opernfragment "Moses und Aron", Bearbeitungen von Kompositionen Johann Sebastian Bachs, Georg Matthias Monns und Georg Friedrich Händels, das Drama "Der biblische Weg" sowie eine Fülle von Aufsätzen, Glossen usw., in denen sich Schönberg vor allem zu aktuellen künstlerischen und kunstpolitischen Fragen äußerte.

An Schülern mangelte es nicht. Bereits im März 1926 kann er Webern berichten: "Ich habe jetzt sieben Schüler (Schreker hat nur vier) und darunter sind gewiß einige, die vielleicht Komponisten werden können und jedenfalls sehr gute Musiker."[4] Bis 1933 kommen insgesamt 24 Schüler und eine Hospitantin, zu denen – außer dem bereits genannten Winfried Zillig – Walter Goehr, Walter Gronostay, Josef Rufer, Marc Blitzstein, Peter Schacht, Nikolaus Skalkottas, Natalie Prawossudowitsch, Norbert von Hannenheim, Erich Schmid u.a. gehören. Methodisch hält Schönberg an dem Konzept fest, die Analyse von klassischen Meisterwerken in den Mittelpunkt zu stellen, die Kompositionen der Schüler beratend durchzusehen und nur gelegentlich eigene Arbeiten heranzuziehen.

Einen recht getreuen Einblick in die Unterrichtstätigkeit geben die insgesamt vier öffentlichen Meisterschülerkonzerte, die zwischen 1927 und 1931 stattfinden. Das Echo bei der Kritik ist zwiespältig, erschöpft sich aber eben deshalb nicht in

jenen belanglos-wohlwollenden Besprechungen, welche die Konzerte
der parallellaufenden Kurse von Hans Pfitzner und Georg Schumann finden. Außerdem - auch dies wohl ein Zeichen von Interesse - wandelt sich die kritische Reaktion auf die dargebotenen
Leistungen der Schönberg-Schüler. So schreibt der Kritiker der
"Allgemeinen Musikzeitung", Fritz Brust, über das erste Konzert
im Mai 1927: "Für das Konzert der Meisterschule Arnold Schönbergs
... war der Ruck nach links und der ehrliche Optimismus, den li-
nearen Atonalismus in Reinkultur an der Quelle aufzunehmen, eine
ganz überflüssige psychologische Vorbereitung. Man war, zumal
bei derart auffallender Talentlosigkeit, erstaunt, einen so ge-
ringen Atonalitätsgrad anzutreffen, so daß man sich fragen mußte, was es wohl für Gründe haben mag, gerade bei Schönberg hier
Meister werden zu wollen. Typisch kann man das nicht nennen, was
hier gelernt wurde, und was genau so gut in der Provinz angeeig-
net bzw. versäumt werden konnte. Daß Schönberg seinen experimen-
tellen Stil nicht aufdrängt, sondern Freiheit gibt, mag wohl als
ein gutes Zeichen aufzufassen sein, bedeutet doch aber zugleich
einen Verzicht auf die Einflüsse dessen, was man einen großen
Meister, eine große Persönlichkeit in der kompositorischen Lehre
zu nennen pflegt ... Die vier Arbeiten, die man zu hören bekam,
waren in ihrer Schwäche nahezu gradatim angeordnet. Das besonders dürftige 'Andante für Kammerorchester' von Adolph Weiß er-
liegt zunächst der Ostinatoepidemie und fußt auf schlecht aus-
genützter Tradition; ... Qualitativ etwas höher hält sich die
'Serenade für Violine, Viola und Violoncello' von Walter Gronostay, gleichfalls harmlos epigonal, mit einigen Ansätzchen,
doch keiner rechten Gestaltung. Wenig genug sagt uns Walter
Goehr mit einem Rondo, trotzdem es gut pianistisch und in tonal-
atonaler Mischform gearbeitet ist. Unzweifelhaft am höchsten
stand Winfried Zilligs Streichquartett: hier entfaltete sich
mehr musikalisches Leben als vorher, hier war eine ausgesproche-
ne Klangkultur und gelegentlich etwas wie Einfälle zu hören,
hier wurde auch die eigentliche Tiefenprobe schöpferischer Begabung in einem 'Adagio' wenigstens einigermaßen bestanden ..."[5]

Vier Jahre später, über das letzte Meisterschülerkonzert

am 2. Juni 1931, schrieb derselbe Kritiker etwas vorsichtiger, wenn auch weiterhin im Grunde ablehnend: "Die Arbeiten ... trugen das hier mehrfach charakteristische Gepräge (Quartette von Erich Schmid und Peter Schacht, Lieder von Prawossudowitsch, Konzert für Klavier und sieben Holzbläser von Hannenheim und ein Oktett von Skalkottas). Sie gehen unbekümmert ihre Wege und räumen mit dem Wohllaut in der Musik gründlich auf. Mit ihnen freuten sich auch einige Zuhörer, die Sprengungen, mit denen die alten Fundamente in die Luft flogen, zu vernehmen. Der Intellekt, der diese Dinge organisiert hat, ist so ziemlich das einzige Positive; eine stärkere innere Beteiligung an den tönenden Gebilden möchte man immer wieder bezweifeln."[6]

Aber auch auf einen weniger konservativen Kritiker wie Heinz Pringsheim machten die Arbeiten der Schönberg-Schüler zumindest einen zwiespältigen Eindruck. Stein des Anstoßes ist dabei immer wieder die mehr oder weniger deutliche Kluft zwischen der begrüßenswerten Tatsache, daß Schönberg seinen Schülern keinen, und schon gar nicht den eigenen Stil aufdrängt, und der schöpferischen Begabung der jungen Musiker, die in der gewährten künstlerischen Freiheit nicht recht zum Ausdruck kommen will. Aber anders als Fritz Brust sieht sich Pringsheim genötigt, sein anfänglich positives Urteil - er bescheinigt den Schülern eine "ernste Einstellung gegenüber der Musik und eine auf gründlichen kontrapunktischen Studien basierende Handwerkstüchtigkeit"[7] - zu revidieren. So heißt es 1930 über ein Orchesterkonzert, daß man nunmehr, entgegen dem Kammermusik-Abend vom Vorjahr, "überall das mehr oder weniger ausgeprägte Schönbergprofil (sah). Das mag daran liegen, daß Niko Skalkottas und Norbert von Hannenheim damals noch nicht lange genug in die Schule des Meisters gegangen waren, um die Vorzüge seines Systems zu erfassen. Trotzdem ist festzustellen, daß Hannenheim mir in seiner viersätzigen Sinfonie, ungeachtet der mir in der Hauptsache unverständlichen Tonsprache, rein in der Art, wie er dynamisch aufbaut und kontrastiert, als ein starkes musikalisches Temperament aufgefallen ist. Von Skalkottas kann ich nicht mehr sagen, als daß sein Konzert für Blasorchester abscheulich klingt, was nicht allein an der Zwölftonharmonik, sondern ebenso an der Behandlung der Instrumente liegt; nur das Finale hat wenigstens in rhythmischer Hinsicht eine gewisse Schlagkraft. Ein völliges Charivari bedeutete mir die Serenade von Winfried Zillig - genau wie sein Streichquartett, über das ich früher berichtet habe."[8]

Bleiben diese, trotz aller Abweichungen im Detail doch konservativ gestimmten Urteile auch der Tenor der Kritik an Schönberg und seinen Schülern, so werden insbesondere gegen Ende des Jahrzehnts Stimmen laut, die von einer ganz anderen Position aus argumentieren und auf die Schönberg höchst empfindlich reagiert. Gemeint ist der Vorwurf, daß Schönberg selbst nunmehr "konservativ" geworden sei, daß er mit seinem "Expressionismus" und "atonalen Konstruktivismus" als Merkmale einer "romantischen Vorkriegszeit" in Widerspruch zur jungen, nachgewachsenen Avantgarde der zwanziger Jahre, zur "Gegenwart" geriet, deren Ästhetik von "Sachlichkeit" und "Neoklassizität", von der stürmischen Entwicklung der Massenmedien und damit einer "Massenkultur" einschließlich des mit ihr verbundenen sozialen Engagements geleitet würde. Schönbergs Verbitterung ist um so stärker, als er zum "Reaktionär" gestempelt wird, ohne daß sein "Neuerertum" jemals Anerkennung gefunden hatte. Deshalb mobilisiert er alle ihm zur Verfügung stehende Kritik gegen die "Jungen", gegen Hindemith, Křenek, Weill, aber auch Strawinsky, in deren Werken er nur "Modisches" und somit "Opportunistisches", "Zeitbedingtes" - "Vergängliches" zu sehen vermag. Der einleitend zitierte Brief von 1928 deutet es an.

Ohne dieses Problem hier weiter zu verfolgen, das Schönbergs gesamte Existenz erschütterte und alle Hoffnung auf die ersehnte, da als "rechtmäßig" empfundene Anerkennung zunichte machte, sei festgehalten, daß es selbstverständlich auch auf die Akademiearbeit sich auswirken mußte. Der Unterricht verliert spätestens ab 1930 merklich an Intensität, seitens der Akademieleitung werden Vorwürfe erhoben, daß Schönberg die Schüler vernachlässige und daß häufiger die Assistenten Josef Rufer und Winfried Zillig die Stunden zu übernehmen hätten. Außerdem hält sich Schönberg wegen einer ernsthaften asthmatischen Erkrankung während der unterrichtsfreien Monate in südlichen Ländern auf und überschreitet dabei seinen Urlaub erheblich, wodurch weitere und recht scharfe Auseinandersetzungen mit der Akademie entstehen.

Doch sind dies alles persönliche, ja private Gründe, deren Auswirkungen zwar nicht unter-, aber eben auch nicht überschätzt werden dürfen. Ein weiterer muß deshalb genannt werden, der mit der krisenhaften Zuspitzung der politischen Lage ab 1929/30, mit den bedrohlichen Anzeichen eines faschistischen Machtwechsels zu tun hat. Bereits 1923 warnte Schönberg vor der Gefahr neuerlicher "Bartholomäusnächte"[9], welche durch den Antisemitismus der Faschisten herbeigeführt würden, und 1933, nach seiner Abreise nach Paris, der ersten Station des Exils, stellt er lediglich fest, daß er "seit 14 Jahren vorbereitet (sei) auf das, was jetzt gekommen ist"[10].

So nimmt es auch nicht wunder, daß Schönberg im Mai 1932 den Gedanken erwog, nicht mehr nach Berlin "zu den Hakenkreuzlern und Pogromisten"[11] zurückzukehren, daß er sich nach einem neuen Wirkungskreis umsah. Doch er blieb schließlich an der Akademie, bis Mai 1933, bis er die Kündigung aufgrund des berüchtigten "Gesetzes zur Wiederherstellung des Berufsbeamtentums" erhielt. Daß insbesondere während dieses letzten Jahres kaum mehr von geregeltem oder gar intensivem Unterricht gesprochen werden kann, versteht sich fast von selbst.

Damit wäre eigentlich das Kapitel "Schönberg und die Akademie der Künste" beendet. Doch unser Thema schließt ausdrücklich auch den Schülerkreis ein, und vom ihm aus ergibt sich ein nicht unwesentlicher Gesichtspunkt, der auf die wachsende Kluft zwischen Schönbergs kompositorischer und pädagogischer Arbeit Licht wirft.

Um 1930 war Schönberg fast ebenso wie um 1910 von rastloser Kompositionsarbeit erfaßt, die, begleitet und bedrängt von aufreibenden Kunstfehden, die Weichen künftiger Entwicklung stellte. Es sei dabei nur auf die herausragende Parallele der Bühnenwerke verwiesen: "Von heute auf morgen" und "Moses und Aron" (1928 - 1932) gingen 1908 bis 1913 "Erwartung" und "Die glückliche Hand" voraus. Doch damals, Not und Anfeindung ungeachtet, erlebten Schönberg und seine Schüler pädagogische Höhenflüge, die allen Beteiligten unvergessen bleiben sollten. Daß dies um 1930 anders wurde, muß seine Gründe auch im Schülerkreis selbst gehabt haben, Gründe, die aber wohl nicht zureichend durch die Feststellung benannt werden, daß unter den Berliner Schülern eben "Begabungen vom Range Weberns, Bergs oder Eislers"[12] fehlten. Selbstverständlich blieb es nicht aus, daß Webern, Berg und, auf seine Weise, Hanns Eisler als mit Schönberg gleichrangige Komponisten alle anderen und späteren Schüler überschatteten - an jenen gemessen gab es nur noch "gute Musiker", im Sinne Schönbergs freilich. Sie, Webern und Berg vor allem, waren es, welche die Schülerschaft zum "Bund" festigten, in dessen Mitte Schönberg die Rolle des "Propheten" einnahm.[13]

Doch ist dies gewissermaßen die subjektive Seite des Problems, gebunden an das subjektive Vermögen derer, die in Schönbergs Unterricht geformt wurden. Sie bedarf der Ergänzung durch objektive Komponenten, die freilich und letzten Endes von den subjektiven nicht zu trennen sind. Da ist zunächst Schönbergs Verständnis seiner Unterrichtsziele und -ergebnisse, wie er sie im zitierten Brief von 1926 an Webern oder später, im Entwurf für eine Ansprache in den USA vom Oktober 1933, formulierte: "Wenn ein Schüler bei mir ein paar Jahre gelernt hat, so wird er entweder komponieren oder nicht, je nach seinem Talent. Aber eines wird er unbedingt wissen, ob er Talent hat oder nicht: wann er künstlerisch etwas Unrechtes tut! Ein künstlerisches Gewissen wird er haben."[14]

Dieser Entwurf ist auch insofern aufschlußreich, als Schönberg hier ein Fazit seines Berliner Wirkens zieht und dabei gar nicht so unauffällig die Diskrepanz zwischen dem Erstrebten und dem Erreichten zu rechtfertigen sucht. An der Akademie hatte man, so Schönberg, "sicherlich gehofft, daß nun endlich der Mann komme, der Berlin 'Kopfstehen machen' werde. Daß man vom selbstverständlichen Ausbleiben einer solchen Wirkung enttäuscht war, vermochte eine maßgebende Stelle nicht mir zu verheimlichen. Ich hätte es längst gefühlt, wenn ich es nicht vorausgesehen hätte."[15]

Es bleibt bis heute unerfindlich, wer dieses "Kopfstehen machen" je von Schönberg erwartet haben sollte. Das Gegenteil, nach dem solid-mittelmäßigen Vorbild seiner Akademiekollegen Pfitzner und Georg Schumann, wäre doch wohl wahrscheinlicher. Wie dem auch sei: Schönberg verbindet die allgemeinen Ziele des Unterrichts oftmals, so auch hier, mit dem Hinweis auf einige seiner Schüler, die "viel Beachtung gefunden (haben)"[16] - auf Webern und Berg folgen Hannenheim, Zillig, Weiss und Skalkottas. Das heißt, Schönberg setzt ein ästhetisch-kompositorisches Niveau voraus, das diesen Schülern eigen und dessen Höhe das Er-

gebnis seiner Unterrichtsarbeit ist. Von den Berliner Schülern werden immer wieder Hannenheim, Zillig und Skalkottas genannt, so daß durchaus der Eindruck entsteht, als wäre Schönberg überzeugt, in Berlin an die Wiener Lehrerfolge geradlinig
angeknüpft zu haben. Später, in einem Brief an Berg vom Januar
1934, erwägt Schönberg die Bildung eines "Schutzbündnisses für
geistige Cultur", unausgesprochen, aber unverkennbar gegen das
faschistische Deutschland gerichtet, also eine Parallelaktion
zu seinen Plänen und Aktivitäten zur Rettung des Judentums.
Diesem Schutzbündnis sollten neben Berg, Webern, Křenek, Hindemith "vielleicht auch Zillig, Hannenheim u.a. Deutsche"[17]ange-
hören.

Aber auch auf mittelbare Weise konnte der Eindruck entstehen,
daß einige Schüler das geistig-produktive Niveau der Wiener
Eliteschüler erreicht hätten. So etwa im Falle Walter Gronostays,
auf den hier, gleichsam stellvertretend, etwas genauer eingegangen sei. Nicht als Komponist erreichte Gronostay freilich
dieses Niveau, sondern als Pionier des neuen Massenmediums Rundfunk. Nahezu gleichzeitig, im Frühjahr 1930, entwickelten er und
Schönberg - inwieweit unabhängig voneinander läßt sich nicht
eindeutig belegen - ihre Ideen für einen rundfunkspezifischen
Musikeinsatz. Gronostay geht zunächst unter soziologischen Aspek-
ten auf den bürgerlichen Konzertbetrieb und seine Geschichte ein,
um zu dem Ergebnis zu kommen, daß der Rundfunk bereits kulturel-
les Surrogat geworden sei, daß er sich für den traditionellen
Konzertbetrieb entschieden und damit seine eigentliche, nur durch
ihn lösbare Aufgabe verfehlt habe. Dagegen fordert Gronostay ei-
genständige Formen, etwa die Ausstrahlung eines "Musikmagazins",
in dem heterogene Werke unter aktuellem "Gesichtswinkel" ge-
koppelt werden.[18]

1932 erörtert Gronostay in einem Aufsatz mit dem programma-
tischen Titel "Der Rundfunk ist kein Konzertsaal" noch ausführ-
licher sein Konzept.[19] Musik, so Gronostay, sei immer für einen
bestimmten Kreis von Menschen geschrieben worden. Der Rundfunk
hingegen sende für eine "unbestimmte Masse". Dies hat bisher
kaum erforschte Konsequenzen: die "gesellschaftliche Form des
Hörens" entfällt, Rundfunkhören sei "ungesellschaftlich und
privat", wodurch notwendigerweise die "Opusmusik" als Musik für

eine bestimmte Bildungsschicht abgelehnt werden müsse. Der Rundfunk sehe sich bei der Verbreitung von Kunstmusik vor zwei entscheidende Schwierigkeiten gestellt: die des Widerspruchs zwischen Kunstmusik und Masse und die des "unorganisierten Hörens"
(statt "Parkett": "Sofa"). In einem schlechten Sinne werden nun
diese Schwierigkeiten umgangen durch den Einsatz von "Blas-
musik, Tanz- und Unterhaltungsmusik aller Art, oder daß man auf
der anderen Seite dem gebildeten Teil des Publikums Kunstmusik
vorsetzt, je nach Ausfall der Reichstagswahlen entweder vorwiegend moderne oder klassische, romantische Programme". Um dem
Publikum etwas zu bieten, sei man gezwungen, "die Minusseiten
des öffentlichen Geschmacks besonders zu betonen".

Im Unterschied zum Konzertsaal, der auf das vorgebildete Hören ausgerichtet ist, müsse sich der Rundfunk auf das voraus-
setzungslose Hören einstellen: keine ausgedehnten Formen wegen
Ermüdungsgefahr, keine gleichmäßigen Klangbilder wie Klavier-
oder Streichquartettklang. Gefordert sei ein Programm, das "nahezu filmartig aus einer Reihe von verschiedenartigen Reizen zu-
sammengesetzt (ist), die die Aufmerksamkeit des Hörers ständig
fesselt". Dies sei zu erreichen durch die Aufeinanderfolge etwa
einer Schallplatte, eines Funkpotpourris, "ein Stück Rousseau",
eine "Napoleonische Proklamation", ein "Werk von Beethoven".

Bei aller zeittypischen Überspanntheit dieser Vorstellungen,
die dennoch oder vielleicht gerade deshalb von aktuellem Interesse sind: Was bedeuten Gronostays Forderungen in ihrem Wesen an-
deres als Schönbergs in einem Briefkonzept an den Berliner Rund-
funkintendanten Hans Flesch ausgeführte Überlegungen zu einer
abendlichen Sendefolge mit dem Titel "Propaganda für eine neue
Musik", welche Elemente des Konzerts, der musikalischen und
verbalen Demonstration verbindet!

Als Komponist findet Walter Gronostay kaum gute Kritiken, obwohl er als ein Vertreter der sogenannten "Neuen Sachlichkeit"
und durch seine Aufgeschlossenheit für neue technische Darstel-
lungsmöglichkeiten produktive, in die Zukunft weisende Experimente unternimmt. Selbst die "Meloskritik", eine Gemeinschafts-
kritik von Hans Mersman, Hans Schultze-Ritter und Heinrich Strobel, kommt nur zu einem zwiespältigen Urteil, wobei allerdings
die medienspezifischen Arbeiten Gronostays eine grundsätzlich

zustimmende Besprechung erfahren. Die 1928 auf dem "Badener
Musikfest" aufgeführte Kurzoper "In zehn Minuten" sei eine
"schlagfertige, frisch zupackende Musik" mit "sichere(m) In-
stinkt für aktuelle Theaterwirkungen"[20].

Dagegen heißt es über ein Streichquartett Gronostays sowie
über eine "Kleine Unterhaltungssinfonie für den Rundfunk": "Der
Formverlauf entsteht durch oberflächliche Anreihung kurzer Teile.
Im Gegensatz zu der genialischen Gebärde des Anfangs und seiner
zackigen Melodik steht die primitive Unbeholfenheit des Satzes."[21]
Von einem Hörspiel mit dem Titel "Mord" wiederum heißt es, daß
das Werk ein "Streben nach breitester Massenwirkung" auszeichne.
Die Sinnfälligkeit des Textes geht so weit, daß am Schluß der
Rundfunkansager eingreift und den Steckbrief gegen den Mörder
verliest. Zur Verdeutlichung der Situation steht neben den han-
delnden Personen ein Chor. Er begnügt sich aber nicht mit dieser
Rolle, sondern indem er die Kernworte der Handlung expressionistisch flüstert oder herausschreit, hebt er das Ganze in die
Atmosphäre einer unheimlichen dramatischen Spannung ... In kleiner und präziser Aufteilung stehen reportagemäßig skizzierte
und musikalisch durchgestaltete Stücke gegeneinander. Dabei geht
durch das ganze Spiel eine großlinige Steigerung, die sich vor
der Katastrophe in reine Bewegungsenergie entlädt. Hier ist die
Musik noch ein einziges Stampfen und Hämmern."[22]

Ob solche Ansätze, über ihre Einbindung in die allgemeine Ex-
perimentierfreudigkeit der zwanziger Jahre hinaus, dazu geführt
hätten, daß dem Berliner eine dem Wiener Schülerkreis vergleichbare Bedeutung zugewachsen wäre, bleibt - nicht erst durch die
historischen Ereignisse seit 1933 - eine müßige Spekulation.
Die Auflösung des "Tochterkreises", um 1930 einsetzend, wurde
mit der Vertreibung Schönbergs ins Exil vollendete Tatsache -
und sie bildet die eigentliche, objektive Seite unseres Problems.
Eine ganze Reihe der Schüler verstummte, erlangte jedenfalls als
Komponist keine öffentliche Resonanz: Josef Zmigrod, Johannes
Moenck, Charilaos Perpessa, Myroslaw Spiller, Peter Schacht,
Hansjörg Dammert, Natalie Prawossudowitsch oder Helmuth Roth-
weiler. Andere gingen in die Unterhaltungsmusik, in die Film-,
Operetten- oder Musicalbranche: Marc Blitzstein, Fried Walter,
Walter Gronostay, oder wandten sich mehr und mehr interpretato-

rischen Aufgaben zu: die Schweizer Erich Schmid und Alfred Keller, die 1933 in ihre Heimat zurückkehrten, und Walter Goehr, der nach England emigierte. Spätere, nach 1945 einsetzende Bedeutung erlangten, allerdings wohl nur in regionalem Ausmaß, Roberto Gerhard, Adolphe Weiss, Winfried Zillig und Niko Skalkottas. Der Grieche Skalkottas verließ Deutschland – wie Schönberg – im Mai 1933.

Bleibt Norbert von Hannenheim, in dem Schönberg offensichtlich mehr als nur eine künstlerische Hoffnung zu erkennen glaubte. Hannenheim, durch sein Festhalten an der Zwölftonmethode gewissermaßen in die "innere Emigration" geraten, starb 1943 in Berlin, wahrscheinlich durch einen Bombenangriff, der auch den größten Teil seines umfangreichen Werkes vernichtete. So war es nach 1945 eine ganz andere Generation, die in neue, nunmehr mittelbare Schülerschaft zu Schönberg trat, und die, unabsichtlich und auch unbemerkt, die kompositorischen Ansätze der übergroßen Mehrheit des einstigen Berliner Schülerkreises noch weiter in Vergessenheit trieb. Ob zu Recht oder Unrecht, sollte – trotz überwiegend negativer Indizien – dennoch erst nach genauer Kenntnis der vorhandenen Quellen entschieden werden.

Anmerkungen:

1   Brief Schönbergs an Franz Schreker, 7. März 1928, Nachlaß.

2   Österreichische Musikzeitung, Jg. 16 (1961), S. 305.

3   Vereinbarung über Schönbergs Verpflichtung als Verwalter einer Meisterschule für musikalische Komposition an der Akademie der Künste in Berlin. Wien, am 28. August 1925. Archiv der Akademie der Künste Berlin (West).

4   Brief Schönbergs an Webern vom 29. März 1926, in: Arnold Schönberg. Gedenkausstellung 1974 (Katalog). Redaktion: Ernst Hilmar. Wien 1974, S. 45.

5   Allgemeine Musikzeitung, Jg. 54 (1927), S. 588.

6   Ebenda Jg. 58 (1931), S. 519.

7   Ebenda Jg. 56 (1929), S. 735.

8   Ebenda Jg. 57 (1930), S. 621.

9 Brief Schönbergs an Wassily Kandinski vom 4. Mai 1923, in: Arnold Schönberg, Briefe, ausgewählt und herausgegeben von Erwin Stein, Mainz 1958, S. 91.

10 Schönbergs Brief an Webern vom 4. August 1933, in: Arnold Schönberg. Gedenkausstellung 1974, a.a.O. S. 329.

11 Eberhard Freitag: Arnold Schönberg in Selbstzeugnissen und Bilddokumenten, Reinbek bei Hamburg 1973, S. 120.

12 Ebenda.

13 Und dies trotz einiger erheblicher Irritierungen, denen aber wohl allein Schönberg ausgesetzt war: Er glaubte, an Loyalität und Treue Bergs, vor allem aber Weberns zweifeln zu müssen. Webern wurde immer wieder bezichtigt, kompositorische Ideen Schönbergs aufzugreifen und als eigene herauszugeben.

14 Text ohne Titel, Nachlaß.

15 Ebenda.

16 Ebenda.

17 Archivmaterial der Staatsbibliothek Berlin (West). Mus.Nachlaß 15, 41.

17 Melos Jg. 9 (1930), S. 177 f.

19 Ebenda Jg. 11 (1932), S. 406 ff.

20 Ebenda Jg. 8 (1929), S. 235.

21 Ebenda Jg. 8 (1929), S. 236.

22 Ebenda.

Joachim Lucchesi

"Ein Theater für alle Tage"
Aufstieg und Fall der Krolloper

"Die Krolloper unter Klemperers Leitung gehört vollständig ins
Bild der bewegt kühnen zwanziger Jahre in Berlin und hat es mitgeprägt. Alles wurde dort aufgeführt, als sei es neu, und Neues
als eine Ahnung drin, daß eine Aktualität nicht zu den billigen
gehöre ... Klemperers eine Art, sein konservativ schöpferischer
Sinn, verband sich in der Krolloper vortrefflich mit seinem anderen Wesen, der Liebe zur Zukunft der Vergangenheit, der Affinität zum Experiment, wenn es könnerisch war. Und ebenso mit der
Liebe zum bedeutend Leichten ... Alles in allem: die Krolloper
setzte Maßstäbe und gab ein Modell, das heute leider nur in die
Erinnerung gehört statt in die Verpflichtung zur anstoßenden
Nachfolge."[1]

Von Ernst Bloch, einem Freund des Dirigenten, stammen diese
Zeilen, die keineswegs nur eine rückblickende Laudatio auf heute
nahezu verklärte Vergangenheit sind. Denn er fragt auch nach der
Erbschaft dieser Zeit und nach heutigem Umgang mit ihr.

Das Beispiel "Krolloper" - ihr offizieller, doch kaum benutz-
ter Name lautete "Staatsoper am Platz der Republik" - ist im
doppelten Sinn des Wortes eine exemplarische "Fallstudie" aus
der Endzeit der Weimarer Republik. So komplex und kompliziert
die Ursachen für ihren Fall auch sein mögen, sie sind dennoch
auf einen einfachen Nenner zu bringen: Die Krolloper geriet während ihrer fast vierjährigen Existenz von 1927 bis 1931 immer
wieder zwischen die sprichwörtlichen Stühle. Ihre stark beachte-
ten Inszenierungen waren angesiedelt zwischen Avantgardismus,
Modernismus und Zugeständnissen an das konventionelle Repertoire.
Sie wollte eine widerstehende Alternative bieten zu dem bildungs-
bürgerlich-konservativen Habit der zwei anderen Berliner Opernhäuser mit ihrem glänzenden Starkult, Repertoirebetrieb und ein-
geschliffener Opernroutine. Dies gelang im weitesten Sinne, und
hier liegt ihr bleibendes Verdienst.

Als ein Politikum wurde sie vom konservativen bis nationalsozialistischen Lager der Kritiker auf das heftigste gebrand-
markt; Goebbels'berüchtigtes Schlagwort vom"Kulturbolschewismus"
soll hier seinen Ursprung haben. Doch auch die linke Presse ver-
sagte ihr massive Unterstützung und Zuspruch. So wurde die beliebte Frage nach dem Mißbrauch von Steuergeldern gleichermaßen
von politischen Gegnern gestellt: Hanns Eisler warf sie in der
"Roten Fahne"[2] auf, der schon vorzeiten faschistische Kritiker
Fritz Stege in der "Zeitschrift für Musik"[3]. Die Krolloper woll-
wollte eine "Volksoper" mit neuem republikanischen Antlitz sein,
doch das vorwiegend kleinbürgerliche Abonnementpublikum des
Volksbühnenvereins duldete keine entweihenden Experimente an den
"heiligen Kühen" des Opernrepertoires. Hinzu kam die heikle Abhängigkeit des Hauses vom Finanzetat der Lindenoper. So entwickelte sich zu einem moderner Kunstpflege ohnehin nicht ge-
wogenen Zeitpunkt ein dichtes Netz unausweichlicher Fallgruben.

Doch wie war es zur Gründung dieses dritten Opernhauses in
Berlin gekommen?

1844 durch den Breslauer Unternehmer Joseph Kroll als "Kroll-
sches Etablissement" gegründet, diente es mit Restaurants, Bier-
garten, Festsälen und einem Bühneneinbau unterschiedlichen Zer-
streuungsbedürfnissen der Berliner. Maskenfeste, Bälle, Gesangs-
und Instrumentalvirtuosen wechselten einander ab; "Kroll" wurde
in der zweiten Hälfte des 19. Jahrhunderts zu einer festen
Adresse. Kurz vor der Jahrhundertwende wies die Namensänderung
in "Neues Königliches Opernhaus" schon auf eine eingrenzende,
künftige Zweckbestimmung hin. In den Sommermonaten wurden Opern
und Operetten gegeben, hier leiteten Richard Strauss und Gustav
Mahler Aufführungen eigener Werke. 1914 begann der Abbruch zum
Zwecke der Errichtung eines neuen, repräsentativen Opernhauses.

Doch während des ersten Weltkrieges kam man von der Projekt-
ausführung ab, die Halbruine diente nunmehr als Lazarettunter-
kunft. Es kann zugleich tiefbittere Ironie, aber auch der Roh-
stoff für ein "patriotisches" Opernrührstück sein: die zu-
sammengeschossenen deutschen Soldaten, lagernd in einer Opern-
ruine inmitten der friedlichen Reichshauptstadt.

Mit Beginn der zwanziger Jahre nahmen die Pläne zum Wieder-
aufbau der Oper Gestalt an. Die Initiative ging von dem über
hunderttausend Mitglieder umfassenden SPD-nahen Verband der
deutschen Volksbühnenvereine aus. Doch die ökonomisch instabilen
und durch zunehmende Geldinflation geprägten ersten Jahre der
Weimarer Republik verzögerten die bauliche Vollendung. Erst
1924 konnte das Haus mit Hilfe des Preußischen Ministeriums für
Wissenschaft, Kunst und Volksbildung als Dependance der Lindenoper eröffnet werden.

Die Idee zur Schaffung einer demokratisch konzipierten Oper,
einer "Volks"-Oper, soll von Leo Kestenberg stammen, dem Klavierschüler, Sekretär und Freund Ferruccio Busonis. Das SPD-
Mitglied arbeitete seit Ende 1918 als Musikreferent im Preußischen Ministerium für Wissenschaft, Kunst und Volksbildung und
wurde eine der Schlüsselfiguren im Kulturleben der Weimarer Republik. Sein Engagement galt vor allem den damals vieldiskutierten Überlegungen und Experimenten einer sozialen Kunstpflege
in den Bereichen Musik und Theater. Er leitete weitreichende Re-
formen in der Musikerziehung ein, die noch heute mit seinem Namen verbunden sind. Nachdem die Leitung der Volksbühnenorganisation die in jeder Hinsicht oft mangelhafte Bespielung des
Krolloperngebäudes durch das Ensemble der Lindenoper moniert
hatte, war es Kestenberg, der auf Abhilfe drängte. Im Zuge der
Bemühungen um eine Verselbständigung der Kroiloper schlug er
1926 dem in Wiesbaden wirkenden Otto Klemperer vor, als General-
musikdirektor die zukünftige dritte Berliner Oper zu übernehmen.
Ausschlaggebend für dieses Angebot waren auch Klemperers Wies-
badener Aufführungen der "Elektra" und des "Don Giovanni", die
als herausragende Beispiele einer modernen Opernauffassung gal-
ten und die Kestenberg gesehen hatte.

Otto Klemperer stellt in unkonventioneller Weise sein Ensemble zusammen. Es ist keine Ansammlung von reisenden Weltstars
mit dem ihm verhaßten Primadonnengehabe, sondern junge, unver-
bildete Sänger mit dem Willen zur Ensemblearbeit. Die in Berlin
noch weitgehend unbekannten Sänger aus der vielgeschmähten Provinz, wie die Tschechin Jarmila Novotna, Moje Forbach, Käte Hei-
dersbach oder Eric Wirl. (Nicht nur Eisler bemängelte in seinen
scharfen Rezensionen für "Die Rote Fahne" mehrfach das Fehlen

großer Stimmen.[4]) Das über hundert Musiker umfassende Orchester
bildete sich vorwiegend aus Mitgliedern der Staatskapelle und
einigen Aushilfskräften, der Chor wurde zeitweilig von Karl
Rankl geleitet. Gegenüber den unbekannten Sängern hatte sich
Klemperer allerdings zwei erfahrene Dirigenten an die Oper ge-
holt: aus Prag Alexander Zemlinsky und von der Städtischen Oper
in Charlottenburg Fritz Zweig.

Klemperer bekennt sich eindeutig zur Oper und tritt damit
vieldiskutierten Auffassungen entgegen, daß die Oper nunmehr tot
sei. Mit heiligem Eifer zieht er gegen den "Schmutz des Reper-
toire-Theaters"[5] zu Felde und kämpft für wenige, exzellent ein-
studierte und in Serie gehende Operninszenierungen. Er ist nicht
der Meinung Brechts, daß man, um eine neue Opernkunst zu schaffen, zunächst die Gesellschaft ändern müsse. Klemperers späte
Bemerkung, er sei kein Politiker, sondern Musiker[6], enthüllt
durchaus einen realen Kern. Sein Ansatz ist ein reformistischer
innerhalb bestehender und gegebener Verhältnisse.

Mit leidenschaftlichem Bemühen will er dem schon von Mahler
attackierten Schlendrian in der Oper zu Leibe rücken, verficht
ein ungekünsteltes und von Manierismen gereinigtes Musizieren
mit Orchester und Sängern sowie einen neuen, am wesentlich mo-
derneren Schauspiel orientierten Aufführungsstil. Zwar sei der
Musik in der Oper das Primat zuzubilligen, doch dürfe sie den
Hörer nicht im Gefühlssturm überwältigen: Genauigkeit, Sauber-
keit und analytische Durchdringung seien maßstabssetzend für die
Interpretation. Gegebenenfalls sollen Retuschen im Dienste ver-
deutlichenden Musizierens nachhelfen. Der "Wille des Schöpfers"
sei, wie Klemperer meint, der subjektiven Deutung unbedingt über-
zuordnen, diese habe sich in den klaren Bahnen von Objektivität
zu bewegen. (Daß Klemperers Bemühen, den Gefühlsschwulst aus der
Oper zu verbannen, wohl ins Gegenteil umschlug, schien selbst
Eisler zu stören. So bemängelte er anläßlich der "Don Giovanni"-
inszenierung: "Das Musizieren Klemperers kann man am besten mit
dem Satz charakterisieren: die Angst vor dem Ausdruck, vor dem
Gefühl. Das entspricht aber nicht dem Stil Mozarts, und so gingen manche Schönheiten verloren."[7]

Klemperer bildete mit seinen Konzert- und Opernaufführungen
an der Krolloper einen Gegenpol zu den Dirigenten Wilhelm Furt-

wängler und Bruno Walter, die den titanischen und poetischen
Klangwelten des 19. Jahrhunderts verbunden waren.

Mit Klemperers Devise, in Berlin "gutes Theater", aber kein
Avantgarde-Theater machen zu wollen[8], werden allerdings auch die
Grenzen des Experiments Krolloper deutlich. Sie zeigen sich an
der Oper "Aufstieg und Fall der Stadt Mahagonny", deren vorge-
sehene Berliner Erstaufführung an der Krolloper durch Klemperers
Intervention nicht zustande kam. Angesichts der breiten Opern-
debatte, die dieses Werk provozierte, muß Klemperers bündiges
Urteil, die Oper sei "obszön" und "aggressiv"[9], auf Unverständnis
gegenüber fortgeschrittenster Opernproduktion schließen lassen.
Möglicherweise fürchtete Klemperer auch einen ähnlich fulminanten
Skandal, wie ihn die Leipziger Uraufführung unter dem wesentlich
mutigeren Gustav Brecher auslöste.

Im Januar 1931 erschien ein Artikel Klemperers im "Berliner
Tageblatt", in dem er nachwies, daß die Anzahl der Vorstellungen
mit Opern des 19. Jahrhunderts denen mit zeitgenössischen Opern
weit überlegen sei: "Diese Aufstellung widerlegt auch alle die
Angriffe, die uns als 'zu experimentell' charakterisiert haben.
... Jedes Provinztheater räumt der 'Moderne' ebenso bescheidenen
Raum ein."[10] Ist es taktisches Verhalten angesichts drohender
Schließung der Krolloper oder eigene Überzeugung? Es war wohl
beides.

Dennoch ist es eine über das subjektive Urteil Klemperers
hinausgehende Tatsache, daß Berlin mit der Krolloper erstmals
eine Experimentierbühne bekam, ein Opernhaus, das mit einem
"unüblichen" Abonnementpublikum, kunstpädagogischen Absichten
und einer Affinität zur zeitgenössischen Opernproduktion eine
Aura erhielt, die den beiden anderen Opernhäusern fehlte. Allerdings darf nicht vergessen werden, daß es in der "Provinz" eine
ganze Reihe von Opernhäusern gab, die mit Entschiedenheit für
eine Entrümpelung des Repertoires und mit Mut zum Experiment
Beachtliches erreichten und somit Wegbereiter und Weggefährtem
der Krolloper wurden.

Die dem Komplex der Preußischen Staatstheater unterstellte
Krolloper eröffnete am 19. November 1927 mit dem "Fidelio" ihre
erste Spielzeit, die Doppelfunktion von Regie und Dirigat hatte
Klemperer inne. Der Musikkritiker Heinrich Strobel, der wie seine

liberalen bis linksliberalen Kollegen Oskar Bie, Klaus Pringsheim, Josef Rufer und Hans Heinz Stuckenschmidt für die Krolloper eintrat, erkennt an dieser ersten Inszenierung die künstlerischen Perspektiven des Opernhauses: "Eine reformatorische
Tat. Sie wirkte reinigend. Sie fegte Schlamperei und Mimen-
routine hinweg, die seit Jahrzehnten das Kunstwerk überwucherten.
Ein 'Fidelio' ohne theatralisches Pathos, ohne bombastisches Ge-
schluchze, ohne biedermännische Banalitäten, ohne naturalistische
Peinlichkeiten."[11] Wesentlichen Anteil an dieser bereits heftig
umstrittenen Inszenierung hatte das kubistische Bühnenbild von
Ewald Dülberg. Dieser Maler und Bühnenbildner war ein enger
Freund Klemperers seit Wiesbaden und gehört zu den zu Unrecht
vergessenen Künstlern seiner Zeit. Noch heute beeindrucken seine
kühnen, auf Fotografien festgehaltenen Bühnenbilder, deren Merkmale kubische Abstraktion, strenge Farbigkeit und strukturelle
Durchgliederung sind. In der Krolloper wird einem historisieren-
den, verstaubten Theater-Dekorationsstil eine entschiedene Absage erteilt. Arbeiteten schon vor dem ersten Weltkrieg Maler
wie Edvard Munch, Lovis Corinth oder Max Slevogt für die berühmten Inszenierungen Max Reinhardts, so werden diese kreati-
ven Erfahrungen konsequent auf die Opernbühne übertragen. Eine
der großen Leistungen der Krolloper besteht darin, neben Re-
gisseuren des Sprechtheaters wie Jacob Geis, Jürgen Fehling und
Gustaf Gründgens auch bildende Künstler wie László Moholy-Nagy,
Oskar Schlemmer, Caspar Neher, Giorgio de Chirico und Teo Otto
verpflichtet zu haben, deren Bühnenausstattungen exemplarisch
für eine ganze Epoche wurden.

Es ist schon eigenartig, daß Moholy-Nagy ausgerechnet für jene
Opern das Bühnenbild entwickelte, die alles andere als moderne
Zeitopern waren: nämlich Offenbachs "Hoffmanns Erzählungen"
und vor allem Puccinis "Madama Butterfly". Moholy-Nagy werden
nicht nur künstlerische Gründe bewogen haben, doch kühn ist das
Ergebnis: Das Sujet von "Hoffmanns Erzählungen" regt ihn an, be-
wegliche und funktionelle Konstruktionen aus chromglänzendem
Stahl zu entwerfen, die durch scharf geschnittene Lichträume
zerteilt wurden. In fast surrealer Weise schweben menschliche
Versatzstücke über die Bühne, ein Arm, ein Bein, ein Kopf –
als Andeutung der Automatenwerkstatt. Für die 1931 unter

Zemlinsky aufgeführte "Butterfly" entwarf er transparente, ausgeklügelte Licht-Schatten-Spiele, damit wohl auch auf die Bauhaus-Experimente von Ludwig Hirschfeld-Mack Bezug nehmend. Es waren immer wieder solche vom Szenischen ausgehende Wirkungen, die das Operninstitut in den Ruf einer radikalen Modernität brachten.

Überblickt man jedoch die einundvierzig Premieren an der Krolloper, so sind lediglich ein Viertel dem zeitgenössischen Schaffen eingeräumt. Es sind Werke wie die szenische Aufführung von Strawinskys "Oedipus Rex" und "Geschichte vom Soldaten" darunter, Hindemiths "Neues vom Tage", Schönbergs "Erwartung" und "Die glückliche Hand", Křeneks "Diktator" und Brecht/Weills "Jasager". Doch im Vordergrund stand eher das mit der Person Klemperers verbundene Bemühen, das "gängige" Opernrepertoire des 18. und 19. Jahrhunderts für die Gegenwart neu gemustert und Fragen an das Werk gerichtet zu haben, als wäre es von verfestigter Tradition und Routine unberührt. Mit ihren Antworten ist die Krolloper zu einem der Wegbereiter für heutige, Maßstäbe setzende Operninterpretationen von Mozart bis Wagner geworden.

Doch kann dies nicht darüber hinwegtäuschen, daß das kunstpädagogische Konzept der Krolloper, Arbeiter und Schichten des Kleinbürgertums mit modernen Operninszenierungen in Kontakt zu bringen, gründlich mißlang. Daß ihr mehr auf herkömmliche Opernabende mit "Tosca" oder "Tiefland" gerichtetes Bedürnis nicht befriedigt wurde, mußte, auf Dauer gesehen, zu Kollisionen zwischen dem Opernhaus und dem Volksbühnenverein führen. Selbst so beliebte und verinnerlichte Opern wie "Madama Butterfly" waren durch die Bühnenbilder von Moholy-Nagy ihrer anrührenden Vertrautheit entrissen.

Wen wundert es noch, daß diese Stimmung im Parkett ein geradezu idealer Nährboden für eine nationalistische und nationalsozialistische Demagogie wurde, die schon immer gern vorgab, Stimme der schweigenden Mehrheit zu sein. So berichtet Fritz Stege in der "Zeitschrift für Musik" über die Ende 1929 erfolgte Premiere der "Zauberflöte": "In ihrem Bestreben, Meisterwerke der Romantik systematisch zu entromantisieren, ist die Experimentierbühne der Kroll-Oper nunmehr bei Mozarts 'Zauberflöte' angelangt. Man verwandelt diese in ein jeder Romantik bares

Muster einer 'neuen Sachlichkeit', das allen szenischen Voraussetzungen Mozarts geradezu Hohn spricht. Für sämtliche Akte besteht eine Einheitsdekoration, im Vordergrund Stufen, rechts und links Baukastensteine in geometrischer Anordnung. Der Mann, der in dieser Weise das Wesen der Oper verhöhnt, heißt Ewald Dülberg, sein musikalischer Assistent, der in kühner und sachlicher Form Mozart ausdeutete, ist Otto Klemperer. Das Ganze 'pour brusquer le bourgeois' ist ein Beweis, in welcher Weise mit Steuergeldern Mißbrauch getrieben wird. Es wäre am praktischsten, die Kroll-Oper in ein Sanatorium zu verwandeln und die Herren Dülberg und Klemperer daselbst zu lebenslänglichem Aufenthalt zu verurteilen."[12]

Dieser Text spricht für sich. Die Zunahme heftiger Ausfälle in der nationalsozialistischen und konservativen Presse gegen die Krolloper ist nur Ausdruck einer allgemeinen Tendenz. Seit der Ende 1929 einsetzenden Weltwirtschaftskrise mit ihren ökonomischen und politischen Zuspitzungen wurden auch im Kunstbereich zunehmend Werke der Avantgarde heftig attackiert. Sich steigernde Angriffe der Presse, ein enttäuscht und unwillig reagierendes Abonnementpublikum und die in Zahlungsschwierigkeiten geratene Volksbühnenorganisation waren lediglich die äußere, öffentliche Seite des Kampfes gegen die Krolloper. Die eigentliche Bedrohung ging jedoch von den Rechtsparteien und dem Zentrum im Preußischen Landtag aus. Obwohl noch SPD und KPD bei dieser Landtagsdebatte entschieden für den Erhalt der Krolloper eintraten (wenngleich aus ganz unterschiedlichen Gründen – der KPD-Abgeordnete hatte beispielsweise nur den drohenden Verlust von Arbeitsplätzen im Auge), so konnten sie die Schließung dennoch nicht aufhalten. Im März 1931 wurde dem Antrag auf Streichung der Subventionen bei Stimmenthaltung der SPD Rechtskraft verliehen. Klemperer, der auf der Zuschauertribüne dem Todesurteil seiner Oper beiwohnte, wurde auf dem Rückweg von jungen Nazis angegriffen und konnte nur in einem vorbeifahrenden Taxi entkommen.

Die Zeit setzte ihre Zeichen immer deutlicher. Noch warnte Herbert Jhering eindringlich: "Die Krolloper ist die einzige kunstpolitische Leistung, die der neue Staat vollbracht hat. Das einzige Staatstheater, das diesen Namen verdient. Die einzige

Bühne, an der sich künstlerische, pädagogische, geistige und
soziale Tendenzen restlos durchdringen. Ein Mittelpunkt, ein
Beispiel, eine Kraftquelle."[13] Doch auch letzte Aktionen zur
Rettung der Krolloper mißlangen: Weder das Projekt einer Fusion
mit dem Rundfunk noch die Stützungsversuche eines von Max Reinhardt, Hans Poelzig und Walter von Molo gegründeten "Freundes-
kreises der Krolloper" konnten die Schließung am 3. Juli 1931
abwenden. Hans Heinz Stuckenschmidt schildert die letzte Vorstellung: "Es war ein schmerzlicher Abend, dieser letzte 'Fi-
garo' in der Staatsoper am Platz der Republik. Nie hat man die
Grausamkeit, mit der heute politische und wirtschaftliche Mächte
in Kulturdinge eingreifen, so stark empfunden ... Dann verloschen
die Lichter. Man verließ das Haus ergriffen und bitteren Herzens.
Eine Epoche europäischer Opernkultur liegt hinter uns."[14]

Wenn man heute von der Erbschaft der zwanziger Jahre spricht,
mithin auch von der Krolloper , wäre nach dem Weiterwirken dieses
Konzepts in unserer Gegenwart zu fragen. Eingelöst und fortge-
führt ist es in Felsensteins realistischem Musiktheater, nach
wie vor uneingelöst ist das Bemühen um eine zeitgemäße "Oper
für alle Tage". Dieser begonnene Versuch, eine Republik-Oper
"für alle" und für den "Alltag" schaffen zu wollen, heißt auch:
von Realitäten und Utopien heutigen Musiktheaters zu sprechen.

Anmerkungen

1 Ernst Bloch, in Hans Curjel: Experiment Krolloper 1927 - 1931,
   hg. von Eigel Kruttke, München 1975, S. 7.

2 Hanns Eisler: Musik und Politik, Schriften 1924 - 1948. Text-
   kritische Ausgabe von Günter Mayer, Leipzig 1973, S. 56 f.

3 Vgl. das Zitat auf S. 91 f.

4 Vgl. Hanns Eisler: Musik und Politik, a.a.O. S. 46, 48, 50,
   60 f.

5 Gespräche mit Klemperer, hg. von Peter Heyworth, Frankfurt
   am Main 1974, S. 100.

6 Ebenda S. 88. - Stuckenschmidt erinnert sich, daß Eisler
   den Dirigenten bei seinen "blutigen Hohnsprüchen" auf das

Berliner Musikleben ausgenommen hätte, denn Klemperer sei
"ein genialer Musiker, dessen private Haltung man nicht ernst
nehmen" dürfe. Die Krolloper allerdings habe Eisler als "bür-
gerlich-kapitalistische Dekadenz-Erscheinung" abgelehnt.
(Hans Heinz Stuckenschmidt: Zum Hören geboren. Ein Leben mit
der Musik unserer Zeit, München, Kassel, Basel, London 1982,
S. 123.) Auch Stuckenschmidt bezeichnet 1930 Klemperer in
einem Atemzug als "Vorkämpfer des Katholizismus und der modernen Musik". (Hans Heinz Stuckenschmidt: Die Musik eines
halben Jahrhunderts. 1925 - 1975. Essay und Kritik, München,
Zürich 1976, S. 52.)

7 Eisler: Musik und Politik, a.a.O. S. 60.

8 Gespräche mit Klemperer, a.a.O. S. 99.

9 Ebenda S. 112.

10 Zitiert nach Otto Klemperer: Über Musik und Theater, hg. von
   Stephan Stompor, Berlin 1982, S. 110.

11 Zitiert nach Curjel: Experiment Krolloper, a.a.O. S. 22.

12 Zitiert nach Stephan Stompor: "Die Idee kann man nicht
   töten ...!" Otto Klemperer und die Berliner Kroll-Oper,
   1927 - 1931, in: Jahrbuch der Komischen Oper Berlin. Bd. III,
   Berlin, 1963, S. 156.

13 Zitiert nach Curjel, a.a.O. S. 80.

14 Ebenda S. 83.

Wolfgang Thiel

Filmspezifische Musik

Zu einem Zeitpunkt, als der Tonfilm in Deutschland bereits zum
kulturellen Alltag gehörte und Streifen wie Fritz Langs "M" oder
Fjodor Ozeps Dostojewski-Verfilmung "Der Mörder Dimitri Kara-
masow" mit der Musik von Karol Rathaus originelle Möglichkeiten
einer neuartigen audiovisuellen Ästhetik aufzeigten, veröffentlichte der Musikkritiker Hans Heinz Stuckenschmidt 1931 in der
Zeitschrift "Der Querschnitt" einen Nachruf auf die jünstver-
gangene Stummfilmmusik: "Die Praxis der Illustration, der akustischen Umrahmung für den stummen Film, hat eine überwältigende
Fülle interessanter musikalischer Erfahrungen gezeigt, die
zwar augenblicklich an unmittelbarer Aktualität verloren haben,
doch auch für die Tonfilmmusik einige Wichtigkeit gewinnen
dürften."[1]

Zunächst war in den nachfolgenden Jahrzehnten der Blick für
jene Praxis auf den "Ramona" und "Heinzelmännchens Wachtparade"
klimpernden Pianisten der Vorortkinos verengt worden. Erst die
seit Mitte der siebziger Jahre in Westeuropa einsetzende Re-
naissance der Stummfilmmusik, die sich in Symposien und ein-
schlägigen Publikationen ebenso wie auf Festivals mit musikalischen Live-Aufführungen zu sorgfältig rekonstruierten und bril-
lant restaurierten Filmkopien kundgibt, hat vieles aus der
gründlich vergessenen Theorie und Praxis der Lichtspielillustra-
tion wieder ans Tageslicht und ins Bewußtsein der Fachleute gebracht. Aber noch immer wird auch in neueren, im Jubiläumsjahr
der Stadt erschienenen Büchern über die "Kunstmetropole Berlin
1918 - 1933"[2] Stummfilmgeschichte unter Ausklammerung der musikalischen Komponente in der irrtümlichen Annahme dokumentiert,
daß es sich bei dieser lediglich um ein akzidentielles Phänomen des Lichtspielwesens gehandelt habe.[3] Doch auf Seite 36 des
vor sechzig Jahren in eben dieser Kunstmetropole veröffentlichten
"Allgemeinen Handbuchs der Film-Musik" steht die zum Widerspruch

herausfordernde Sentenz: "Mit der künstlerischen Lösung der Musikfrage steht und fällt der Film als höhere Kunstgattung."[4]

Des weiteren war die in zeitgenössischen Rezensionen bezeugte Wirkungssteigerung von Eisensteins "Panzerkreuzer Potemkin" durch die klang- und rhythmusbetonte Originalmusik von Edmund Meisel - funktional gesehen - beileibe kein Ausnahmefall, sondern als erwünschte Gefühlsverstärkung bis hin zur tränentreibenden Apotheose oder zwerchfellerschütternden Groteske das tägliche Handwerk einer Gilde von kompilierenden, arrangierenden und komponierenden Kinokapellmeistern (der einige Jahre auch Paul Dessau angehörte), die mit ihren Klangkörpern bis hin zum sinfonisch besetzten Kinoorchester, ihren brancheneigenen Organisationen, Zeitschriften und Ausbildungsstätten[5] in der allgemeinen Berliner Kultur- und Kunstszene jener Jahre keinen unwesentlichen Faktor darstellte. In den gläsernen Lichtburgen rund um die Kaiser-Wilhelm-Gedächtnis-Kirche, "dort, wo Gloriapalast und Marmorhaus einander wie stolze Dardanellenschlösser grüßen"[6], erzielten prominente Kinokapellmeister wie Ernö Rapée oder Willy Schmidt-Gentner mit ihren bis zu fünfundsiebzig Mann starken, sinfonisch besetzten Orchestern Leistungen, die den Musikwissenschaftler Kurt London seinerzeit zu der Feststellung veranlaßten, daß jedes Premierenkino des Westens seine besondere musikalische Kultur besaß.[7]

Wer zudem in den Berliner Tageszeitungen der zwanziger Jahre blättert, bemerkt mit Erstaunen, daß in deren Feuilletonspalten nicht nur regelmäßig über Beschaffenheit und Qualität der Begleitmusik in den großen Lichtspieltheatern berichtet wurde, sondern daß auch die Arbeit der damaligen Kinodirigenten im Vergleich zu ihren heutigen Filmkomponistenkollegen allgemeine Beachtung und Wertschätzung genoß. Gewiß, es war "die Prominenz von Radio City, vom Pariser Pathétheater, vom Berliner Ufa-Palast am Zoo; die Sphäre, die Kracauer Angestelltenkultur genannt hat"[8]. Und zweifellos ist der "Banause, der 1910 als erster auf die Idee verfiel, den Brautmarsch aus Lohengrin als Begleitung zu verwursten,"[9] keine historische Figur.

Dennoch gebührt auch manchem namenlos gebliebenen Kinomusiker das geschichtliche Verdienst, unter den schwierigen Bedingungen einer durchweg kommerziell ausgerichteten Praxis, die ersten tastenden Schritte auf dem mühevollen Weg zu einer essentiell funktional bestimmten Musik gegangen zu sein.

Zwischen 1925 und 1929 war in Berlin der Theater- und Filmkritiker Franz Wallner-Basté bemüht, in journalistischer Tagesarbeit "die Eigengesetzlichkeit des neuen Kunstzweiges aufzuspüren, sie aus der mehr intuitiv arbeitenden Praxis abzuleiten, zu begründen und kodifizieren ..."[10] Aus heutiger Sicht erscheinen vor allem die ästhetischen Reflexionen und praktischen Erprobungen einer filmeigenen, kinospezifischen Musik von besonderer Bedeutung für jene sich allmählich aus den praktischen Anforderungen des Lichtspielbetriebs entwickelnde "Eigengesetzlichkeit des neuen Kunstzweiges"[11].

Am Ende dieses Weges (und hier können wir eine dünnfädige, unterstromige Nach- und Weiterwirkung avantgardistischer Stummfilmmusik konstatieren) steht die lakonisch, oft aphoristisch formulierende moderne Filmmusik der achtziger Jahre als spezielle Form einer angewandten Musik zwischen Klang und Geräusch, bei der die dramaturgischen Aufgaben und die Rezeptionsgegebenheiten des Mediums, mit dem sie in zunehmend intensivere und ästhetisch konsequenzreichere Beziehung tritt, in die Kompositionstechnik, in die Beschaffenheit der musikalischen Faktur selbst Eingang gefunden haben.

Die ersten, gegen Ende der Stummfilmzeit formulierten Überlegungen hinsichtlich einer filmspezifisch strukturierten Musik, die sich vom Buchstaben und Geist der ästhetisch auf eigenen Füßen stehenden Tonkunst weitgehend entpflichtet hat, entzündeten sich an der Frage nach einem besonderen filmmusikalischen Stil. In seiner Rezension über Robert Wienes "Rosenkavalier"-Verfilmung von 1926 schrieb Kurt London: "Musik zum Film darf weder opernhaft noch sinfonisch sein. Der Film bedingt einen absolut neuen musikalischen Stil, den zu finden einer kommenden Generation von Filmkomponisten vorbehalten bleibt."[12] Und noch 1933, als sich die spätromantische Tonfilmsymphonik in den Filmzentren allenthalben zu etablieren begann, bemerkte der Musikkritiker Leo Fürst: Die Filmmusik "hat mit der Musik bestehender Kompositionsformen nichts gemein als lediglich das Material des Klanges. Ihr Inhalt wird von der optischen Einstellung und deren Funktion im Gesamtverlauf bestimmt, ihre Form von der Montage..."[13]

Edmund Meisel, der als selbstbewußtes Haupt einer "rhythmischen Schule" das Problem der Filmmusik als "gelöst" betrachtete, konkretisierte solche allgemeinen Postulate "in eigener Sache": "Filmmusik läßt sich nicht mit Opern- und Konzertmusik, mit Sonatensatz oder kontrapunktischer Arbeit nach musikalischen Prinzipien vereinen ... Filmmusik darf nur die farbige, rhythmische Unterlage, also Illustration des Bildes sein unter gleichzeitiger Entwicklung der fortschreitenden Handlung durch Weiterführung der entsprechenden Themen."[14] Und in seinem Vorwort zum Particell des Ruttmanschen Berlin-Films sah er als "einzige Möglichkeit seiner Lautbarmachung: eine rhythmische Komposition, die dem Film das durchgehende akustische Tempo gibt ... jedes lyrische Portamento ist zu vermeiden, nur Rhythmus, Rhythmus! ... Je kleiner die Besetzung, desto energischer ist auf Primitivität zu dringen: d.h. nur die großgedruckten Klaviernoten, die klare thematische Linie, unter Verzicht auf den Contrapunkt, ist durchzuführen."[15]

Da war Hans Heinz Stuckenschmidt, der einem "Mann namens Meisel" "Weltrekorde an musikalischer Sinnlosigkeit" bescheinigte[16], durchaus anderer Meinung. Er entwarf als theoretisches Modell das "Formbild einer äußerst labilen, formal fast indifferenten, einer Musik kurzum, die stets nur Mitte bleibt, die frei von Expansion und Entwicklung auf Anfang und Ende aus sich selbst heraus verzichten muß. Einer Musik also, die ohne weiteren Trieb, ohne formbildende kinetische Energie und ohne eigentlich genetisches Profil nur in der Erwartung existiert, im nächsten Moment von einer anderen abgelöst zu werden, die formal natürlich wieder denselben Charakter aufweist."[17]

Stuckenschmidts Utopie auf der einen und seine geharnischte Kritik an Meisels filmmusikalischen Bestrebungen auf der anderen Seite sind ein beredtes Zeugnis für die unüberbrückbare Kluft zwischen der damaligen Alltagspraxis – selbst wenn sie "entgegen dem obligaten Antimodernisteneid der Filmmusiker" (Wallner-Basté) fallweise Experimente zuließ und einer spekulativen Theorie, die ihren gedanklichen Höhenflügen die ersten Gehversuche – einer praktischen Bewältigung des gemeinsamen Problems nicht zu erkennen vermochte.

Aus der Unmasse der während der Stummfilmära in den Kinos
verbrauchten Musik sollen im folgenden die seit 1919 veröffentlichten Kinothekenpiecen von Giuseppe Becce, Edmund Meisels Kompositionen zu "Panzerkreuzer Potemkin" und "Berlin, Sinfonie der
Großstadt" sowie Hans Erdmanns Musik zum Tonfilm "Das Testament
des Dr. Mabuse" als Ansätze und Stationen einer filmspezifischen
Musik dargestellt werden. Noch heute sind bei einer Bewertung
dieser Arbeiten Hemmschwellen eines auf sich selbst gerichteten
und bei sich verbleibenden musikalischen Denkens zu überwinden;
noch immer gilt es, die Vorbehalte einer am Ideal des strengen
Komponierens ausgerichteten Wertästhetik aus dem Wege zu räumen,
obgleich die Dominanz zweckbestimmter Eigenschaften als Folge
außermusikalischer Funktionsanforderungen, die bei Becce, Meisel
und Erdmann zu einer teilweisen Einschränkung der musikalischen
Autonomie führten, bereits seinerzeit kein ästhetisches Novum
mehr war.

So vermerkte Egon Wellesz in den Opernpartituren Puccinis
Fakturbeispiele primitiver Art, "wie sie in der Konzertmusik
nicht vorkommen können, hier aber, vom Standpunkt der Wirksam-
keit aus betrachtet, ihre Begründung und Berechtigung haben"[18].
Und aus Klaus Pringsheims polemischem Artikel "Musik oder Meisel?" erfahren wir, daß "das absolut Rhythmische als musikalischer Faktor erster Ordnung; Schlagzeug-Ostinato als dominieren-
des Musikgeschehen"; kurzum: daß eine solche "Musik der mechanischen Geräusche" v o r "Potemkin" oft genug schon dagewesen
sei: "im Schauspiel; bei Reinhardt, bei Jessner, in der Volksbühne"[19]. Als weitere strukturelle Vorbilder sind das hybride
Melodram sowie die Kümmerformen einer liturgischen Gebrauchsmusik vom Typ der "Caecilia"-Sammlung zu nennen[20], deren thema-
tisierte Skalen und Akkordfolgen (die einer Harmonielehre ent-
stammen könnten) sich als bloße Reduktion traditioneller Satz-
modelle bis aufs Skelett eines nunmehr gesichtslos-praktikabel
fungierenden Tongebildes erweisen.

Die erste Filmmusikergeneration (als eine "völlig neue Spe-
zies in dem Berufe, in dem das Musizieren an sich weniger wichtig geworden ist, als die Nutzanwendung der Musik"[21]) übernahm
das Repertoire ihrer Theater-, Café- und Biergartenvergangen-
heit. Es zeigte sich aber bald, daß dieser Musikvorrat nicht aus-

reichte, um bestimmte szenische Situationen zufriedenstellend
zu begleiten; hinzu kommt, daß die überkommenen Opernparaphrasen,
Ouvertüren, Salonpiècen, Märsche und Tänze trotz drastischer
Kürzungen und Umstellungen sowie "unzählige(r) Striche, Tempo-
änderungen und Verkopplungen bis zur Unkenntlichkeit" (H. Kayser)
sich aufgrund ihrer musikalischen Eigengesetzlichkeit auch formal nur sehr bedingt für filmische Zwecke eigneten.

Ein Ausweg aus diesem Dilemma wurde auf zwei Wegen gesucht.
Während Max Mühlenau in seinem 1926 erschienenen "Kinobrevier"
die Lösung der Kinomusikfrage "nicht im durchkomponierten Film,
sondern einzig und allein in der zu schaffenden Kinomusik-Litera-
tur"[22] erblickte und auch Stuckenschmidt den Gedanken äußerte,
"musikalische Filmvokabulare zu schreiben"[23], bemerkte Giuseppe
Becce: "Für den wirklich wertvollen Kunstfilm aber kommt nur die
Original-Komposition in Frage."[24] Die Forderung seines Kollegen
Hans Erdmann ist gewissermaßen eine Synthese dieser beiden Stand-
punkte: "Der Kunstfilm soll zu seiner adäquaten Musik kommen ...
Es wird aber eine Komposition sein, entstanden aus musikalischen
Filmbausteinen."[25]

Allerdings war es gerade Becce, der nicht mit seinen Original-
partituren für bestimmte Lichtspiele, sondern mit kurzen Cha-
rakterstücken "zur Illustration typischer und immer wiederkehren-
der filmischer Vorgänge und Situationen"[26] eine spezielle Kino-
musik-Literatur folgenreich initiierte. In der von ihm gegründeten "Zeitschrift für die künstlerische Musikillustration des
Lichtbildes" berichtete er 1926 von den Anfängen seiner Kino-
Bibliothek" (= Kinothek): "Im Jahre 1915 amtierte ich im Mozart-
saal. Es lief der Film 'Theresa Raquin'. Dazu brauchte ich eine
spukhafte nächtliche Stimmung, konnte nichts Rechtes finden und
schrieb mir selbst etwas auf. So entstand die erste Nummer:
Notte misteriosa."[27]

Bereits dieses frühe Kinothekenstück zeigt (zumindest im Ansatz) jene charakteristischen Merkmale kinospezifischer Eignung,
die Kurt London zu der Aussage veranlaßten: "He was the first
man to give the film a practical style in music."[28] Becces Talent für die Filmkomposition sah er "not so much on the special
evolution of an idea, as on the structure of his music, con-
tained in a slight framework, adaptable and yet always drama-
tically effective."[29]

Auch Konrad Ottenheym hob an Becces Arbeit hervor, "daß er auf musikalische Eigenwerte verzichtete, nicht komponierte, sondern illustrierte."[30] Die 81 Piècen, die Becce zwischen 1919 und 1933 in den sechs Doppelbänden seiner "Kinothek" zur Begleitung stets auftretender Verfolgungen, Verkleidungen, Liebesszenen, Feuersbrünste, Naturbilder und Rettungen in letzter Minute in der Schlesinger'schen Buch- und Musikhandlung veröffentlichte, zeigen eine um so ausgeprägtere strukturelle Ausrichtung auf die inhaltlichen und formalen Erfordernisse bestimmter Stummfilmsituationen, je mehr sich diese vom Geist der Musik entfernen. In der umfänglichen "De profundis"-Suite aus dem Jahre 1929 werden selbst "Folterung" und "Zwangsarbeit" zum Gegenstand musikalischer Darstellung[31], wobei Becce auch hier den Kreis der vom italienischen Verismo, von Opernkomponisten wie Leoncavallo, Mascagni oder Zandonai bereitgestellten dramatischen Ausdrucksmittel keinesfalls überschritt.[32] Kinotheken-Nummern wie "Nächtliche Vision", "Kurzer Sturm", "Kampf, Tumult, Brand" sowie weitere Agitato- und Misterioso-Piècen sind reine Klang- und Gebärdestücke, in denen ein Verzicht auf entfaltete Melodien zugunsten chromatisierter Akkordfolgen, thematisierter Tonleiterausschnitte und kurzer charakterisierender Motive erfolgt, die in Lisztscher Manier wiederholt, sequenziert und harmonisch "ausgeleuchtet" werden. Dies ergibt eine Art "Regenwurm"-Faktur von großer Unempfindlichkeit gegenüber Kürzungen, Umstellungen, aber auch Tempodehnungen, Verlängerungen, Möglichkeiten des Sprungs und der Kopplung mit anderen Stücken. Eine solche strukturelle und somit auch inhaltliche Vergröberung des musikalischen Satzes "auf einige wenige Grundgesten, die nur noch gleichsam nackt und unverbunden nebeneinander gestellt sind"[33], kam dem Gebrauchscharakter dieser Musik, den Ausdrucksschemata der filmischen Durchschnittsproduktion und der beiläufigen Rezeptionssituation im Kino sehr entgegen.

Während nun aber ein Giuseppe Becce im stilistischen Bannkreis der damals neueren italienischen Oper verblieb, war der Theatermusiker Edmund Meisel aus anderem Holz geschnitzt. Die Vehemenz, mit der er im "Potemkin" und in Ruttmanns Berlin-Film die Gesetzestafeln autonomer Tonkunst zerbrach, fußte einerseits auf sei-

nen Erfahrungen als Schauspielkomponist für Erwin Piscators ex-
perimentierfreudige Inszenierungen[34], andererseits auf einer
nachdrücklichen Forderung Sergej Eisensteins. Für die Begegnung
des Panzerkreuzers mit dem Geschwader, für dieses atemberaubende
filmische Crescendo bis zum befreienden Schrei "Brüder!" forderte ich", schrieb Eisenstein zur "Potemkin"-Musik, "vom Komponisten kategorisch den Verzicht auf die gewohnte Melodik und
eine genaue Ausrichtung auf das nackte Klopfen der Kolben, und
mit dieser Forderung zwang ich, genau genommen, auch die Musik,
an dieser entscheidenden Stelle in eine neue Qualität, in
G e r ä u s c h , überzuspringen."[35] Für die Gestaltung dieser
fast fünfminütigen Sequenz "Volle Kraft voraus!" wählte Meisel
ein gleichermaßen bündiges wie einfaches, um das Tritonus-Inter-
vall pendelndes Motiv, das sich über einen ostinat stampfenden
Achtelbaß im Quartabstand mit aufreizender Konsequenz halbtönig
höherschraubt. "Die simple musikalische Figuration - eine unun-
terbrochene rhythmisierte chromatische Aszendenz der Trompeten
über dem Maschinenrhythmus der Schlaginstrumente - fügt sich einer bravourösen Ökonomie der Steigerung, die Eisensteins span-
nungsvollem Aufbau des Schlußteils (montage rapide) zu höchster
Wirkung verhilft."[36]

Meisels Ruhm als Begründer einer ganz auf Klang und Rhythmus
abgestellten filmeigenen Musik blieb nicht unangefochten. Mit
der Elle der Konzertmusik wägend schrieb Heinrich Strobel 1928
über ihn: "Nur die Filmindustrie hält Edmund Meisel, der durch
seine Musik den Berlinfilm zugrunde richtete, für einen schöpferischen modernen Komponisten."[37] Kritik übten in neuerer Zeit
auch de la Motte/Emons an Meisels minutiös bildsynchroner, teilweise klangpointillistischer Partitur zu Walter Ruttmanns Quer-
schnittsfilm "Berlin. Die Sinfonie der Großstadt" vom 1927.[37]
Zwar ist richtig beobachtet, daß "sich die Klänge mit natura-
listischer Neugier an jedes visuelle Detail (heften)[39]; jedoch
kommen die Vorwürfe einer "dürftige(n) Satztechnik"[40] und des
Fehlens von "Ausdruck und Kohärenz"[41] aus der Ecke autonomen
Musikdenkens.

Es soll keineswegs in Abrede gestellt werden, daß Material
und Verfahrensweise bei Meisel häufig dergestalt auseinander-
treten, daß relativ moderne Elemnnte wie atonale Passagen und

Bruitismen durch eine teilweise veraltete Kompositionstechnik zu einer primitiv-homophonen, vorwiegend Reihungs- und Additionsstrukturen benutzenden Syntax voller Ungereimtheiten und Brüche zusammengeschweißt werden. Aber in der Sequenz "Die erwachende Stadt" gibt das pointillistische Klangbild aus alterierten Quartklängen und Septnonakkorden, Motivpartikeln und einer fast punktualistischen Instrumentation nicht nur das frühe Beispiel einer total bildabhängigen Filmmusik, sondern stellt ein tönendes Pendant zu Ruttmanns optischen Intentionen dar. Hier wie dort bemerkt man ein liebevolles Sich-Versenken ins Detail, eine Revue gut beobachteter Einzelheiten auf Kosten der Gesamtsicht.[42]

Während jedoch Meisels "Großstadt-Sinfonie" in der Presse heftig diskutiert wurde - auch seine Fürsprecher bemängelten fehlende Atempausen und eine allmähliche Betäubung des Ohres -[43], blieb die eigentümliche Qualität von Erdmanns Musik zu Fritz Langs 1932 gedrehtem Tonfilm "Das Testament des Dr. Mabuse", einem raffiniert inszenierten Thriller mit politischen Untertönen, völlig unbemerkt. Zum einen, weil dieser Film noch vor seiner Premiere auf Goebbels' Geheiß am 29. März 1933 von der Filmprüfstelle für Deutschland verboten wurde (die Uraufführung erfolgte am 12. Mai 1933 in Wien); zum anderen aber auch, weil Erdmanns Komposition jenes von ihm selbst geforderte Merkmal einer guten Filmmusik erfüllt, "welche mit der Filmszene untrennbar zusammenfließt"[44].

Dies impliziert einen Grad von mediumgerechter Unauffälligkeit, nämlich im Sinne einer Zurücknahme autonomer musikalischer Wirkungen zugunsten des filmischen Gesamterlebnisses. Über Hans Erdmann[45], der wie Becce den akademischen Titel eines doctor philosophiae besaß, schrieb Hansjörg Pauli mit Recht, daß schon allein der einführende erste Teil des "Allgemeinen Handbuchs der Film-Musik" (eine vollständige Auflistung seiner zahlreichen Artikel u.a. als Musikkolumnist am "Reichsfilmblatt" gibt es bislang noch nicht) ihn "als den mit Abstand bedeutendsten Theoretiker der Stummfilmmusik aus(weist), und als einen der nach wie vor wichtigsten Theoretiker der Filmmusik schlechthin."[46]

Nichtsdestominder sind Leben und Werk dieses Mannes, der sich als Komponist und Kinokapellmeister, als (Film-)Musikwissenschaftler und -journalist in Berlin um eine theoretische Durchdringung und praktisch tätige Verbesserung der kurrenten film-

musikalischen Gepflogenheiten mühte, noch wenig erforscht.[47]
Quantitativ gesehen ist Erdmanns filmkompositorisches OEuvre im
allgemeinen und der Musikanteil im "Mabuse"-Film im besonderen
recht schmal. Und es läßt sich wohl kaum noch ausmachen, inwieweit Erdmann an der "suggestiven Einleitungssequenz, in der
durch das pausenlose Stampfen einer Falschgeldmaschine akustisch
und optisch der Alpdruck einer permanenten Bedrohung beschworen
wird."[47], als "Geräuschdramaturg" beratend wirksam werden konnte.
Was die "Mabuse-Partitur so bemerkenswert macht, sind nicht die
Fragmente einer atonalen, mit wirren, expressionistisch über-
hitzten Gesten einherfahrenden Orchestermusik, die die Verfol-
gungsfahrten der beiden Kriminalisten begleiten. Nein, es ist
vielmehr ein unmerklich im äußersten (Lichtton-)Pianissimo ein-
setzender und allmählich anschwellender Klang, der jene Szene
mit einem fast elektronisch anmutenden Sound timbriert, in der
Prof. Baum als Leiter der Nervenklinik Dr. Mabuses Testament
"Herrschaft des Verbrechens" liest, was letzten Endes seine In-
karnation mit dessen Geist zur Folge hat.

Dieses frühe und vereinzelt dastehende Beispiel einer sen-
sorisch "subkutan" wirkenden filmischen Klangkomposition mutet
wie die Exemplifikation jener tonfilmästhetischen Postulate an,
die Guido Bagier, Komponist und seinerzeit Leiter der experi-
mentellen Tonfilmabteilung der Ufa, 1928 formulierte: "Die Me-
chanisierung des Klangs wird dann nicht mehr stören, wenn diese
Komposition sich der spezifischen Klangqualität des Tonfilms an-
paßt. Es läßt sich denken, daß im Gegensatz zur sogenannten
Kunstmusik hier eine Gebrauchsmusik entsteht, die das erste
Gebot jeder guten Filmbegleitung berücksichtigt: Den Film nicht
durch irgendwelche anspruchsvolle Untermalung zu behindern, sondern nur eine kaum merkliche Klangausfüllung seiner Stummheit
zu geben."[49]

Mit Erdmanns Komposition für Fritz Langs "Testament des Dr.
Mabuse" fand die Konzeption einer filmspezifischen Musik zugleich ihren ersten Höhepunkt und vorläufigen Abschluß. Im faschistischen Deutschland entsprach der schwülstige Gestus einer
bei Gottfried Huppertz und Herbert Windt bereits vorgebildeten
alsbald den seriösen Film völlig beherrschenden Ufa-Symphonik
weitaus besser den ideologischen Zielen der auf Entmündigung

und emotionale Vereinnahmung des Zuschauers ausgerichteten NS-Propaganda, so daß für lange Zeit alle bis 1933 erarbeiteten theoretischen Ansätze und praktischen Ergebnisse eines medium-bezogenen Musikverständnisses in Vergessenheit gerieten.

Anmerkungen

1 Zit. nach Herbert Birett: Stummfilm-Musik, Berlin (West) 1970, S. 159.

2 Vgl. Bärbel Schrader / Jürgen Schebera: Kunstmetropole Berlin 1918-1933, Berlin / Weimar 1987, S. 68-86 und 197-211.

3 Einen sinnlich wahrnehmbaren Gegenbeweis liefert heutigentags die neue Vorführpraxis von klassischen Stummfilmen mit Live-Musik. Den bisherigen Höhepunkt dieser "Wiederentdeckung des sensuellen Potentials der frühen Filme" (L. Prox) bildete das sechstägige Festival "Musik und Stummfilm", das vom 5. bis 10. April 1988 in der Alten Oper / Frankfurt am Main statt-fand.

4 Giuseppe Becce / Hans Erdmann: Allgemeines Handbuch der Film-Musik, Berlin 1927, S. 36.

5 So wurde beispielsweise am 1. September 1928 dem Klindworth-Scharwenka-Konservatorium mit Unterstützung der Ufa und der Deutschen Filmmusik-Union eine Akademie für Filmmusik mit dem Ziel angegliedert, einen systematisch in Theorie und Praxis der musikalischen Illustration durchgebildeten Kinokapell-meister-Nachwuchs in die Provinz hinausziehen zu lassen.

6 Siegfried Kracauer: Die Angestellten, Leipzig / Weimar 1981, S. 43.

7 Es würde zu weit vom gestellten Thema fortführen, an dieser Stelle eine detaillierte Darstellung der Geschichte, Glie-derungsformen und ästhetischen Prämissen jenes filmmusikali-schen Tätigkeitsbereiches in der damals führenden Kino-Stadt Europas zu geben. So sei zumindest auf folgende einschlägige Publikationen verwiesen:
Stummfilmmusik - gestern und heute, Berlin (West) 1979;
Helga de la Motte-Haber / Hans Emons: Filmmusik. Eine

   systematische Beschreibung, München 1980;
   Hansjörg Pauli: Stummfilm, Stuttgart 1981;
   Ulrich Rügner: Filmmusik in Deutschland zwischen 1924 und 1934,
      Hildesheim 1988;
   Hans-Christian Schmidt: Filmmusik, Kassel 1982, S. 10-43;
   Wolfgang Thiel: Filmmusik in Geschichte und Gegenwart, Ber-
      lin 1981, insbes. S. 121-136, 283-289.

8 Theodor W. Adorno / Hanns Eisler: Komposition für den Film,
   Leipzig 1977, S. 90.

9 Ebenda S. 87.

10 "Film-B.Z." vom 21. Juni 1927; hier zit. nach Birett, a.a.O.
   S. 164.

11 Ausgeklammert werden in dieser Studie die Vertreter der Licht-
   tonmusik (wie Oskar Fischinger, Rudolf Pfenniger oder Làslò
   Moholy-Nagy) als echte Vorläufer der elektronischen Musik, da
   deren Verfahren der Klangerzeugung ohne Mithilfe von Musikern
   und traditionellen Instrumenten mittels grafischer Zeichen,
   die direkt oder mit optischen Hilfsmitteln auf die neben dem
   Filmbild befindliche Lichttonspur gezeichnet wurden, auf gänzlich anderen kompositionsästhetischen Grundlagen beruhen.

12 Kurt London: Richard Strauss und die Filmmusik, in: Allgemeine Musikzeitung, September 1926, S. 1800.

13 Leo Fürst in: Melos, Heft 3/1933, S. 95.

14 Edmund Meisel: In eigener Sache; zit. nach Kinematograph Nr.1
   (hg. von Werner Sudendorf), Frankfurt/Main 1984, S. 70.

15 Edmund Meisel: Berlin, Sinfonie der Großstadt, zit. nach:
   Kinematograph Nr. 1, a.a.O., S. 23.

16 Hans Heinz Stuckenschmidt: Filmmusik, in: Berliner Börsen-
   Courier, 60. Jg., Nr. 241, 25. Mai 1928: zitiert nach Kinematograph Nr. 1, a.a.O. S. 71, Anm. 3

17 Hans Heinz Stuckenschmidt: Die Musik zum Film, in: Die Musik,
   Jg. XVIII, Heft 11, S. 808.

18 Egon Wellesz: Die neue Instrumentation, Bd. I, Berlin 1928,
   S. 26.

19 Kinematograph Nr. 1, a.a.O. S. 69.

20 "Caecilia" - Sammlung von Choralvorspielen aus alter und
   neuer Zeit für Orgel und Harmonium - zum gottesdienstlichen
   Gebrauch herausgegeben von August Reinhard - op. 54 - Neuauf-
   lage Leipzig 1984 (!).

21 Poldi Schmidl: Filmmusik oder Kinomusik, in: Kinematograph
Nr. 500 vom 28. Juli 1916.

22 Max Mühlenau: Kinobrevier. Anleitung zur musikalischen Film-
illustration, Berlin 1926, S. 6.

23 H.H. Stuckenschmidt in: Die Musik, a.a.O. S. 814.

24 G. Becce in: Melos, Heft 4/1928, S. 171.

25 H. Erdmann in: Reichsfilmblatt Nr. 8/1927.

26 Becce in: Melos, a.a.O.; vgl. auch Ennio Simeon: La nascita
di una drammaturgia della musica per film: il ruolo di Giuseppe Becce, in: Musica Realtà, Nr. 24 / Dezember 1987,
S. 103 ff.

27 Becce: Wie das "Kinomusikblatt" entstand, in: Film-Ton-Kunst
vom 15. April 1926, S. 3.
Hansjörg Pauli spartierte die im Deutschen Filmmuseum
Frankfurt/Main aufbewahrten Stimmen des Stückes "Notte misteriosa / Nachtstimmung" und druckte diese Partiturfassung für
großes Orchester im Anhang seines Buches (a.a.O. S. 232 ff.)
ab.

28 Kurt London: Film Music, London 1936, S. 242.

29 Ebenda.

30 Konrad Ottenheym: Film und Musik bis zur Einführung des Tonfilms, Diss. Berlin 1944, S. 73.

31 Becces "De profundis"-Suite mit den acht Sätzen: Hoffnungslos;
Marsch der Verurteilten; Folterung; Zwangsarbeit; Nächtliche
Windstimmen; Visionen eines Irren; An verlassenen Gräbern
vorbei; Geisterritt; erschien 1929 als separates Werk bei
Bote & Bock in Berlin (West).

32 Vgl. W. Thiel, a.a.O. S. 328.

33 Hansjörg Pauli, a.a.O. S. 101.

34 Daß Theaterarbeit im Berlin der zwanziger Jahre nicht zwangs-
läufig ein strikt funktionales Musikdenken hervorbrachte,
sondern auch hier individuelle Imponderabilien wirksam wurden,

zeigt das Werk des Filmkomponisten Wolfgang Zeller, der vor
seiner Filmkarriere rund achtzig Schauspielmusiken für die
Berliner Volksbühne geschrieben hatte. Zeller trat dem Lichtspiel (von Lotte Reinigers Scherenschnittfilm "Die Abenteuer
des Prinzen Achmed" 1926 bis zu Grzimeks "Serengeti darf
nicht sterben" 1956) zeitlebens mit melodramatischen und pro-
grammsinfonischen Ambitionen entgegen.

35 S. Eisenstein in: Ausgewählte Aufsätze, Berlin 1960, S. 323.

36 Lothar Prox: Perspektiven einer Wiederaufbereitung von Stummfilmmusik, in: Stummfilmmusik - gestern und heute, a.a.O. S.20

37 Heinrich Strobel: Zu den Baden-Badener Versuchen, in: Melos
Heft 4/1928, S. 346.

38 Die Originalpartitur ist verschollen. Erhalten blieb ein Klavierauszug mit gelegentlichen Instrumentationsangaben.

39 de la Motte/Emons, a.a.O. S. 60.

40 Ebenda S. 61.

41 Ebenda S. 63.

42 Daß die zunehmende Beweglichkeit der Kamera und ein damit
einhergehender lebhafterer Schnittrhythmus sogar im Unterhal-
tungsfach eine vergleichbare Arbeitsweise auf der Grundlage
herkömmlicher Operettenmusik anregte, beweist der schon 1923
veröffentlichte Klavierauszug zum Film "Alt-Heidelberg"
(RE: Hans Behrendt) von Marc Roland. Im Ergebnis einer jede
Einzelheit berücksichtigenden Illustrationstechnik geriet die
Faktur dieser Originalmusik zu einem Pasticcio aus assozia-
tiven und rhetorischen Versatzstücken auf engstem Raum, denn
"je inniger sich die Musik dem Gange der Handlung anschmiegt,
desto kleiner müssen die Formen werden, deren sie sich be-
dient" (H. Waltershausen). Vgl. auch Thiel, a.a.O. S. 132 f.

43 Vgl. Paul Friedländer, zit. in: Film und revolutionäre Arbeiterbewegung in Deutschland 1918-1932, Bd. 1, Berlin 1975,
S. 196.

44 Becce/Erdmann, a.a.O. S. 45.

45 Möglicherweise handelt es sich bei diesem Namen um ein Pseud-
onym, das aus zwei Vornamen unter Weglassung des Familien-
namens gebildet wurde. Vgl. auch Anm. 46.

46 Pauli, a.a.O. S. 143.

47 Was ich an Fakten und Vermutungen über H. Erdmann durch Nach-
forschung und in Gesprächen feststellen konnte, sei unter Vorbehalt und als vorläufig hier mitgeteilt:
Geboren am 7. November 1887 in Breslau, verstarb Dr. Erdmann
im September 1948 in Berlin-Lichterfelde, wo er in der Fer-
dinandstr. 31 zusammen mit seiner behinderten Schwester (?)
gewohnt haben soll. Ursprünglich Geiger, promovierte er in
Breslau über Claudio Monteverdi (?). Seit 1924 in Berlin Kino-,
vorher Theaterkapellmeister. Am 4. März 1922 fand im Marmorhaus am Zoo die festliche Premiere von F. W. Murnaus Film
"Nosferatu – eine Symphonie des Grauens" statt. Zu diesem
Streifen hatte E. als Debütant eine spätromantische Originalmusik geschrieben, die er auch selbst dirigierte. Teile daraus erschienen 1926 als zwei "Fantastisch-romantische Suiten"
bei Bote & Bock. 1927 veröffentlichte er das "Allgemeine Handbuch der Film-Musik", an dem Becce (und Ludwig Brav) als Prak-
tiker beratend mitgearbeitet hatten. Ab Februar 1929 war E.
Leiter des filmmusikalischen Studios des Berliner Klindworth-
Scharwenka-Konservatoriums und wurde am 7. April 1930 zum Bei-
sitzer der "Gesellschaft der Filmmusikautoren Deutschlands
e.V." gewählt. Nach Auskunft des 1987 in Berlin (West) verstorbenen Bratschers und Komponisten Hanning Schröder, der
Anfang der dreißiger Jahre mit E. befreundet war, habe dieser
1931 in der Musik zum Expeditions-Tonfilmbericht "Urwaldsym-
phonie" speziell für ihn ein langes Bratschensolo geschrieben.
1936 entstand für Paul Wegeners Historienfilm "August der
Starke" die letzte seiner vier Tonfilmmusiken. Die noch folgenden zwölf Lebensjahre sind bisher in Dunkel gehüllt.

48 Jerzy Toeplitz: Geschichte des Films, Bd. 2, Berlin 1976,
S. 217.

49 G. Bagier in: Melos 1928, S. 166.

Stefan Amzoll

Zur Rolle des Rundfunks der Weimarer Republik als ästhetische
Avantgarde

Schauen wir auf den Beziehungswandel von Rundfunk und Musikkultur in der Weimarer Republik (vor allem in deren Zentrum
Berlin), so sehen wir zerbrechliche Konjunktur und schillernde
Krise in einem. Darin kreuzen sich Attraktionen und Widersprüche aus einer stürmischen Kultur-, Technik- und Wissenschafts-
entwicklung, wie sie zu jener Zeit wohl nirgends im kapitalistischen Europa markanter in Erscheinung tritt. Denn so gut
wie alle denkbaren Momente von Glanz und Elend, Wandel und
Stagnation, Blüte und Gebrechen laufen hier konzentriert zusammen.

Der Rundfunk präsentiert sich vor dem Hintergrund politischer Kämpfe und sozial-kultureller Krisenprozesse als ein
neuer Zeitgenosse des Musiklebens, als ein fortdauernd expan-
dierendes Massenmedium, das auch im Musikalischen kein Nach-
läufer der Epoche sein will.

Kaum eine der anerkannten künstlerischen Größen, wohl kaum
eines der wichtig erscheinenden Werke, so gut wie keine der
zeitgenössischen Konzertsensationen dürfte seiner Aufmerksamkeit entgangen sein. Man konnte etwa alle namhaften deutschen
Orchester hören, mit Dirigenten an der Spitze, deren geschichtliche Bedeutung für das 20. Jahrhundert niemand mehr
bezweifelt: Bruno Walter, Wilhelm Furtwängler, George Szell,
Otto Klemperer, Hans Rosbaud, Hermann Scherchen, Erich Kleiber,
Oscar Fried, Hans Knappertsbusch, Felix von Weingartner und
anderen. Eine Fülle bedeutsamer Kammermusik lief in den Programmen, gespielt von exzellenten Interpreten wie etwa dem
Amar-Quartett oder dem Kolisch-Quartett. Nicht zu reden von
den zahllosen Solisten von Rang: Walter Gieseking, Fritz
Kreisler, Pablo Casals usw.

Wie diesen lieferte das Medium auch dem neuen Schaffen echte
Möglichkeiten: Komponisten begannen, das Medium für sich zu entdecken und die Anfänge seiner Mäzenatenrolle in Gestalt kompo-
sitorisch-technischer Experimente in Anspruch zu nehmen. Arnold
Schönberg hat die Verbreitungschancen für neue Musik hervorgehoben und daran Ideen für die propagandistische Verwendung des
Radios geknüpft.[1]

Es ließe sich vieles anführen, was dafür spricht, wieweit
zeitgenössisches Musikschaffen vor allem in den Jahren von
1928 bis 1931 beim Weimarer Rundfunk auf fruchtbaren Boden
fiel. Die Initiativen kamen in erster Linie von der Berliner
"Funkstunde" und dem Frankfurter Sender, vertreten durch musikalisch inspirierte, aufgeschlossene künstlerische Leiter wie
Hans Flesch und Ernst Schoen. Nahezu allen Schattierungen und
Richtungen der neuen Musik verschaffte man Platz. Denkwürdige
Aufführungen, von und mit den Sendern organisierte Festivals,
die der musikalischen Erprobung der modernen Medien Radio und
Film dienten (zu erinnern ist an die Baden-Badener Kammermusik
1929 und die Neue Musik Berlin 1930), die Entwicklung neuer
Standards der Interpretation des aktuellen Schaffens, die Durch-
führung musikalischer Rundfunktagungen usw. dokumentieren den
Reichtum damaliger Medienarbeit.

Schaut man allein auf die Aktivität der Berliner "Funkstunde"
- sie setzte bis zu einem gewissen Grade Maßstäbe für das gesamte deutsche Sendewesen -, so ist man erstaunt, wie weit ihre
Entdeckungen in die Zukunft weisen. Reihen wie "Einführung in
neue Musik" oder "Musik und Gegenwart", Problemdiskussionen zu
neuen Werken, Interpretenwerkstätten und Modellvorführungen,
das besondere Ausstellen beauftragter Rundfunkkompositionen,
Studiosendungen mit "elektronischer Musik", Konzertserien und
-zyklen mit avancierter Musik etwa von Schönberg, Strawinsky,
Berg, Bartók, Křenek, Hindemith, Weill hat es damals in gewisser Regelmäßigkeit gegeben -[2] selbst noch in Zeiten, da diese
unverzichtbare Sparte der Rundfunkarbeit eine groß aufgezogene
Konjunktur der Unterhaltung konfrontierte und die Bemühungen
systematisch verkümmerten. Mit dem Einzug der Naziherrschaft
in die deutschen Funkhäuser wurden dann noch die letzten Reste

einer als avanciert geltenden Pflege neuer Musik aus den Programmen eliminiert.

Jene damals progressive Bemühung in der Erschließung und im Umgang mit der musikalischen Moderne und daran sich knüpfende Ansätze einer musikalischen Radiopublizistik können als bleibende geschichtliche Leistung des Weimarer Rundfunks gewertet werden. Zugleich darf nicht übersehen werden, daß derartige Initiativen im wesentlichen äußeres Gegenwartsgeschehen, also vorfindbare kompositorische Bestrebungen, Stilistiken und Interpretationsmuster widerspiegelten und das Ganze als sehr begrenztes Reservoir innerhalb eines 1930 schon großdimensionierten Produktions- und Verteilungsapparates figurierte.

Nahezu unübersehbar sind die musikalischen Angebote, die einzelnen Gattungen, Genres, Gebrauchstypen und Spielarten von Musik, kaum überschaubar die Traditionen europäischer Kunstmusik, der Unterhaltungs- und Militärmusik, die modischen Formen des Schlagers, der Revue und des Jazz. Der Rundfunk hat sich ein ganz Teil davon zu eigen gemacht, musikalische Vielfalt neu strukturiert und, technisch noch ungeschliffen, der Öffentlichkeit als Zeitgeschehnis und Erbe zurückgeliefert.

Rund achthunderttausend Sendungen hat der Rundfunk der Weimarer Republik während seines knapp zehnjährigen Bestehens ausgestrahlt[3], davon weit über die Hälfte Musiksendungen. Und auch das sei erwähnt: Mit der Radioübertragung von "Tristan und Isolde" am 18. August 1931 aus Bayreuth, bei der rund zweihundert Stationen aus drei Kontinenten angeschlossen waren, die für neunzig Millionen Empfangsapparate sendeten, hat er für eine der ersten großen Medienwirkungen jener Jahre gesorgt.[4]

Mit Blick auf den für damalige Verhältnisse gewaltigen Schub an industriell-technischer und kultureller Produktivkraftentwicklung wollen wir im folgenden auf einige spezielle Momente künstlerischer Geschichtstradition des Radios eingehen, darauf, wie es vor dem Hintergrund des zeitgenössischen Wandels im Musikbetrieb und avancierter Schaffensleistungen zu punktuellen Durchbrüchen und antizipatorischen Bemühungen einer Radiopraxis kam, die ein Avantgardeverständnis des Mediums artiku-

liert und zugleich hart an dessen geschichtliche Grenzen
stößt.

Die Problemaktualität des Gegenstandes wird deutlich, schaut
man auf den stürmischen Entwicklungsprozeß der elektronischen
Massenmedien, deren Potenzen weltweit die Kultur und Zuhörkunst revolutionierten und die nicht aufhören, immer mehr Menschen Möglichkeiten des individuellen Zugangs und Zugriffs
für Musik zu eröffnen. Mit dieser enormen Vervielfachung aber
gehen politisch-kulturelle Programmstrategien und technolo-
gische Entwicklungen einher, die mehr und mehr auf bloße Ver-
teilung (oder bloßen Verkauf) gängiger klassischer Repertoires
und modischer Richtungen in Rock-, Pop- und sonstiger Unterhaltungsmusik gerichtet sind und Fragen der Spezifik, Qualität
und Vielfalt zunehmend in den Hintergrund treten lassen. Hier-
durch machen sich allerorten kulturelle Nivellierungserschei-
nungen, Vereinseitigung musikalischer Interessen, generell
ästhetische Verflachungserscheinungen bemerkbar – und das nicht
nur in der imperialistischen Medienkultur.

Von daher erhalten ästhetische Fortschrittsleistungen aus
der frühen Radiotradition besondere Aktualität und Bedeutung.
Ein Beispiel soll das zunächst belegen.

Modellhaft hat der Filmemacher Walter Ruttmann in den Prozeß
der Erkundung und Auswertung radiophonischer Produktivkräfte
eingegriffen. Mit seinem Film "Berlin. Symphonie einer Großstadt" (1927) ist er weltbekannt geworden. Daneben produzierte
er Anfang der zwanziger Jahre eine Reihe abstrakter Filme,
später dann Dokumentarfilme. Außerdem machte er sich als Trick-,
Farb- und Tonspezialist bei der Mitarbeit an zahlreichen Spiel-
filmen einen Namen. Ruttmann hat auch des öfteren mit Komponisten zusammengearbeitet: Hanns Eisler, Max Butting, Edmund
Meisel, Wolfgang Zeller und andere ließen sich von seinen filmischen Neuerungen produktiv inspirieren.

Zwei Arbeiten des Künstlers gehen auf Anträge der Reichs-
rundfunkgesellschaft zurück: der Film "Tönende Welle" mit der
Musik von Wolfgang Zeller 1928 und die Tonmontage "Weekend"
(1930). "Tönende Welle" stellt eine Zusammenfassung von kurzen
Tonfilmversuchen dar; der Film verwendet verschiedene mögliche

Gegenstände der Tonaufzeichnung und Kompilation und testet damit das Triergon-Verfahren. Mozarts Ouvertüre zu "Figaros Hochzeit", "Die Orgel des Frankfurter Senders", "Schuhplattler in Bad Kreuth","Dampfsirenen im Hamburger Hafen" etc. finden darin ihre akustische Darstellung. "Weekend" hingegen ist über weite Strecken rein dokumentarisch angelegt und sollte ebenfalls das neue Tonfilm-Aufzeichnungsverfahren auf seine künstlerische Brauchbarkeit prüfen. Schließlich wäre noch Ruttmanns Tonstreifen "Melodie der Welt" (1929) zu nennen. "'Melodie der Welt', sein zweiter Langfilm und einer der ersten deutschen Tonfilme, gibt deshalb heute einen unverfälschten Eindruck vom Charakter der symphonischen Dokumentarfilme Ruttmanns, weil hier die Musik- und Geräuschkulisse erhalten blieb. An diesem Film wird deutlich, wie sehr Ruttmann mit Toneffekten arbeitete. Weniger durch die Montage der Bilder, wie bei Wertow, sondern erst im Zusammenhang mit der kontrapunktischen Anwendung des Tons, mit seiner musikalischen Strukturierung von Geräuschen und seinen Assoziationen wirkt dieser Film symphonisch."[5]

Das Radiostück "Weekend" hat in dem Prozeß der Umstellung auf Tonstreifentechnik für das Medium größte Bedeutung erlangt. Es ist das einzige erhalten gebliebene Dokument aus jenem Gattungsbereich, den man akustische Filme nannte. Zweifellos ist es auch das wichtigste und ästhetisch gelungenste Werk dieser Art. Für die Beobachter der Rundfunkszene in jenen Jahren besaß "Weekend" in künstlerischer und technischer Hinsicht eine geradezu sensationelle Wirkung. Hans Richter, der Maler und Cineast vom Bauhaus Dessau, erinnerte sich noch Jahrzehnte später an den Inhalt des Stückes und beschrieb ihn mit folgenden Worten: "Aus isolierten Tonimpressionen bildete Ruttmann neue Einheiten. Vom Drängeln und Pusten der Sonntagsausflügler auf dem Bahnhof, dem Rattern des Zuges, dem Trampeln, Singen und Schimpfen, dem Schnarchen, Spielen und Zanken der Ausflügler bis zur Stille der Landschaft, nur unterbrochen vom Flüstern der Liebenden, bis zum Heimschleppen der weinenden Kinder - alles im Ton wie eine Perlenkette aneinandergereiht."[6]

Als Ruttmann dem sowjetischen Filmregisseur Pudowkin diese Arbeit vorführte, soll dieser erklärt haben, in "Weekend" habe Ruttmann das Problem des Tons durch assoziative Montage auf die freieste Weise grundsätzlich gelöst. Und Hans Richter stellte fest, Ruttmann habe die Kunst der Montage im Stummfilm aufs glücklichste auf das Gebiet des Tonfilms hinübergerettet.[7] Auch Pudowkin hat sich zum Ruttmannschen absoluten Film und dessen musikalische Komponenten geäußert: "Ich glaube, Ruttmann begann damit, Filme ohne Gegenstand zu drehen, Filme, in denen sich Kreise oder Streifen bewegen, Filme, die Gegenstände demonstrieren, die von ungewöhnlichen Blickwinkeln der Kamera aufgenommen wurden, oder das ganze, im Montageprozeß entstandene kombinierte Material erhielt eine strenge rhythmische Form, einem musikalischen Fragment vergleichbar. Mit solchen Arbeiten beschäftigt man sich heute in Deutschland ... Es sollte kein Zweifel an dem großen Nutzen dieser Arbeit für die Entwicklung der Filmkunst geben."[8] Ruttmann war eine Zeitlang, bis in die frühen dreißiger Jahre, mit sowjetischen Filmkünstlern befreundet gewesen. Es kam zu Begegnungen mit Pudowkin, Eisenstein und Wertow, damit zu gegenseitig fruchtbaren künstlerischen Anregungen, von denen schwerlich zu sagen ist, nach welcher Seite das Pendel am meisten ausschlug.

In der Berlin-Sinfonie, zu der eine Musik von Edmund Meisel existiert, ist der Einfluß des Wertowschen Montagestils unmittelbar spürbar. Ähnlich wie in Wertows Film "Der Mann mit der Kamera" (1928) und früheren Arbeiten der "Kinoki"-Gruppe fügt Ruttmann darin dokumentarische "mikroskopische Einzelzüge" (Kracauer) zu einem farbigen Kompendium optisch festgehaltener Großstadteindrücke zusammen. "Weekend" projiziert die im Berlin-Film verwendeten Montageprinzipien zurück auf die Tonschicht. Diese Radiostudie ist gleichsam die Übertragung der sichtbaren, musikalisch intendierten Impressionen, Motive und Teilstücke des Films auf die hörbaren. Ruttmann reduziert diese auf einen kürzeren auditiven Wahrnehmungskomplex (elf Minuten) und verlagert gleichzeitig die Werktagssituation des Films auf das Wochenende. Der innere Zusammenhang von Filmwerk und Radiowerk wird auf diese Weise offenkundig.

Die Charakterisierung von Attributen und Zeichen der Groß-
stadtrealität gab es schon vorher. In Wertows Filmen "Kino-
glas" und "Vorwärts, Sowjet!" kommt das vor, ebenfalls in Rus-
solos Komposition "Erwachen der Stadt". Diese verwendet
eigene elektromechanische Geräuschmaschinen und präsentiert
damit Themen, die in dem Berlin-Film von Ruttmann modifiziert
wiederkehren.[9] Auch der noch "live" inszenierte akustische
Film "Tönender Stein" von Alfred Braun (1926) macht ähnliche
Stadtmotive transparent: Es war ein Funkspiel, "das in schnellster Folge traummäßig bunt und schnell vorübergleitender und
springender Bilder, in Verkürzungen, in Überschneidungen – im
Tempo – im Wechsel von Großaufnahmen und Gesamtbild mit Auf-
blendungen, Abblendungen, Überblendungen, bewußt die Technik
des Films auf den Funk übertrug. Jedes der kurzen Bilder stand
auf einer besonderen akustischen Fläche, in einer besonderen
akustischen Kulisse, wie man damals so gerne sagte: 1 Minute
Straße mit der ganzen lauten Musik des Leipziger Platzes,
1 Minute Demonstrationszug, 1 Minute Börse am schwarzen Tag,
1 Minute Maschinensymphonie, 1 Minute Sportplatz, 1 Minute
Bahnhofshalle, 1 Minute Zug in Fahrt usw."[10]

Derartige Techniken erinnern auffallend an die konstruktiven
Reihungs- und Schichtungsverfahren des "Films ohne Bilder",
wie man Ruttmanns Radiostück auch genannt hat, nur daß hier
– bedingt durch das neue Produktionsverfahren – die Einzelseg-
mente viel gedrängter, präziser, verfeinerter zu einem künstlerischen Ganzen geführt werden.

Walter Ruttmann hat sich zu Fragen der Tonfilmregie geäußert. Ähnlich wie die berühmten sowjetischen Tonfilmdeklara-
tionen der endzwanziger Jahre formulierten, ist für ihn die
Beibehaltung bzw. Erlangung größtmöglicher Freiheit in der
optischen und akustischen Dimension Grundbedingung für das
Tonfilmschaffen. Daher sieht auch er in der Kontrapunktik die
einzig mögliche Gestaltungsmethode des Tonfilms: "Nur so können diese beiden ihrem Material nach grundverschiedenen Dinge:
Ton und Bild sich gegenseitig steigern. Laufen sie parallel,
dann ist das Ergebnis: Panoptikum". Ruttmann glaubt, daß der
Tonfilm in ganz anderer und ungleich stärkerer Art in der Lage

sein werde, aus der Enge spezialistischer Kunst und Unterhaltungsbefriedigung zu führen: "Wenn er von Anfang an Mut genug hat, original zu sein, wenn das Vertrauen des Produzenten in seine Sache groß genug ist, um sie nicht zu einem Reproduktionsverfahren zu degradieren, dessen anfängliche Verblüffungswirkung in kürzester Zeit verebben muß"[11]. Diese prinzipielle Position hat ihn nicht dazu veranlaßt, etwa seinen Berlin-Film nachträglich mit kongruentem Tonmaterial zu versehen, sondern hat zu jenem eigenwilligen Versuch geführt, mit dem er speziell auf die Möglichkeiten des neuen Aufnahmeverfahrens reagiert und durchspielt, was mit Tönen, Klängen, Geräuschen, Musik in ihrer Abfolge und ihrem Zusammenklang allein zu erledigen sei.

Man hat über die Genialität von "Weekend" gesprochen, wie es das "anscheinend Nicht-Übereinstimmende zu verbinden vermag, bis jene Kettenreaktion von Assoziationen in Gang kommt, die das Gesamte eines Wochenendes - vom Samstagnachmittag bis Montagfrüh - simultan vor das Bewußtsein ruft". Man hat über die Zukunftspotenz dieses Radiospiels gesprochen, "weil Ruttmann in ihm vieles, fast alles an Radiokunstmöglichkeiten vorweggenommen hat, was erst drei Jahrzehnte später, als das Magnettonband in die Rundfunkproduktion eingeführt worden war, entdeckt, das heißt, eigentlich wiederentdeckt wurde. So die konkrete Musik, die bereits in der Einleitungspassage der Fabrikmaschinenmusik zu hören ist. Oder wie er die Sprachspielerei des dreißig Jahre später entstehenden neuen Hörspiels vorwegnimmt, etwa in den aufgeregten Reisevorbereitungen mit den immer wiederholten Worten 'Mach doch', 'Ja doch!', oder wie er das Lied der Ausflügler 'Das Wandern ist des Müllers Lust' wiederholt abbricht und jedesmal mit anderen, darauffolgenden Passagen kontrapunktiert, oder wie er Versrelikte aus Goethes 'Erlkönig' vielfältig sprachwitzig zu pointieren versteht."[12]

Dennoch fehlt dem Stück eine wesentliche Komponente, wodurch es sich in nichts unterscheidet von den fugenartig-musikalischen, graphischen Fortbewegungen des abstrakten Films oder der von Weill vorformulierten absoluten Radiokunst: Es mangelt ihm daran, durch das ästhetisch-technisch Formulierte hindurch soziale Wirklichkeit genauer und wahrhaftiger erkennen zu können, wie das etwa Wertows dokumentare Tonstreifen ermöglichen und bezwecken.

Insofern trifft für "Weekend" im Kern auch zu, was Siegfried Kracauer über Ruttmanns Berlin-Sinfonie 1928 schrieb: "Ein Werk ohne eigentliche Handlung, das die Großstadt aus einer Folge mikroskopischer Einzelzüge erstehen lassen möchte. Vermittelt es die Wirklichkeit Berlins? Es ist wirklichkeitsblind wie irgendein Spielfilm. Allenfalls liegt dem Film die Idee zugrunde, daß Berlin die Stadt des Tempos und der Arbeit sei – eine formale Idee, die erst recht zu keinem Inhalt führt und vielleicht darum die deutschen Kleinbürger in Gesellschaft und Literatur berauscht. Nichts ist geschehen in dieser Symphonie, weil nicht ein einziger sinnvoller Zusammenhang von ihr aufgedeckt worden ist."[13]

Bilanzieren wir, was der Rundfunk an Fortschritt für die zeitgenössische Kunstentwicklung gebracht hat, so ist der alleinige Rekurs auf die bahnbrechende Idee, auf die maßstabsetzende Kunstleistung fehl am Platze. Das erste Radiojahrzehnt in Deutschland hat nur soviel für die Kunstentwicklung geliefert, wie die Bedingungen es zuließen. Eine "Revolutionierung der Zuhörkunst" (Brecht) fand nicht statt. Dafür war die Bewegung zu jung, die Technik noch zu unfertig, die Sicht auf das Kunstschaffen zu versachlicht.

Dennoch fielen im Ansturm gegen einen übermächtigen Verteilungsapparat manche Schranken bürgerlicher Konventionalität. Nicht allein der Idee nach statuierten die Protagonisten konstruktive Exempel, die darauf hinausliefen, Tradition abzustoßen, die scheinbar intakten Konfigurationen des autonomen Kunstwerks aufzubrechen, um von daher vorzudringen zu einer technisierten Kunstpraxis, welche die neuen zivilisatorischen Fortschritte selbst in die Form einbringt, sie zu einem Moment der Gestaltung macht. Diese Haltung bezog sich auf ein positiv empfundenes Lebensgefühl der Epoche, auf eine nüchterne Auseinandersetzung mit der politisch-sozialen Umwelt.

Brisant wird die Frage nach dem Kunstfortschritt, wechselt die Perspektive, indem Antworten aus der widersprüchlichen Gesamtbewegung von Apparat und Institution selbst bezogen werden, wenn zum Bewertungsmaßstab die Gesamtheit der vom Medium entwickelten, verdrängten und blockierten Produktivkräfte genommen wird, also auch die Verluste, das Nichtgeleistete.

Zu dieser widersprüchlichen Gesamtrelation sei thesenartig folgendes festgestellt:
Die fortgeschrittensten Momente musikalisch-technischer Produktivkraftentwicklung führen dorthin, wo das Radio aus dem Charakter und den Möglichkeiten technischer Reproduzierbarkeit selbst einige gewichtige ästhetische Ideen, Konzepte und Experimente ableitet. Konkrete Ansätze und Begründungen liefert hierfür die neu entstandene soziologische Situation der Künste im Medienzusammenhang. Vor allem aber der Rekurs auf avantgardistische Sprachmittel und Macharten in Bildender Kunst, Stumm- und Tonfilm schärft den Blick für radiophonische Problemstellungen und äußert sich in einer Flut von Manifesten, theoretischen Selbstäußerungen und utopischen Entwürfen. Relevante Fragestellungen nach einem spezifischen Materialstil, nach akustischen Äquivalenten für dokumentarische oder fiktive Bilderstrukturen etc. entwickeln ihr Profil in nicht selten schroffer Antithese zur Praxis der Reproduktion prästabilisierter Kulturgüter.

1. Der früh gestellte Anspruch, einen eigenen Kunstausdruck zu finden - stimuliert durch das steigende kulturelle Gewicht des Mediums und von der Institution zeitweilig favorisiert -, zieht ein relativ breites Spektrum musikalischer Interessen auf sich. Hierfür stehen die Debatten und Versuche einer heterogenen Gruppierung (oder auch Bewegung), deren wechselhafte Kontur und ästhetische Zielrichtung im Zeichen interner und externer Ansprüche und Einflußfaktoren steht. Sie rekrutiert sich aus zumeist jungen Komponisten und Dirigenten (Paul Hindemith, Kurt Weill, Hanns Eisler, Max Butting, Edmund Nick, Ernst Křenek, Carl Orff, Alfred Szendrei, Hermann Scherchen, ferner Ernst Toch, Walter Gronostay, Paul Dessau, Rudolf Wagner-Régeny, Hermann von Waltershausen u.a.), aus Vertretern der

Film- und Hörspielbranche und anderer Künste (Walter Ruttmann, Guido Bagier, László Moholy-Nagy, Hans Flesch, Ernst Schoen, Arno Schirokauer, Walter Bischoff u.a.), aus Literaten, Kritikern, Theoretikern (Bertolt Brecht, Walter Benjamin, Rudolf Leonhard, Lu Märten, Frank Warschauer, Richard H. Stein u.a.), nicht zuletzt aus Technikern und Instrumentenbauern (Friedrich Trautwein, Jörg Mager u.a.).

2. Der Prozeß der Versuchsarbeit ist geprägt und gestützt durch antiromantische Tendenzen, die - vor dem Hintergrund allgemeiner Versachlichungssymptome im Kulturbetrieb - Medium und Institution unterschiedlich exponieren und zur Sprache bringen. Die Haltung dazu steht in enger Berührung mit den registrierten zivilisatorischen Fortschritten in der Gesellschaft. Gegenläufig zum Gefühlsüberschwang des romantischen/spätromantischen Zeitalters treten in den künstlerischen Horizont technisch-wissenschaftliche Entdeckungen, die neu entstandenen Verkehrsbedingungen: Auto, Eisenbahn, Flugzeug, das Milieu der Großstadt, die neu geschaffenen Tatsachen automatisierter, arbeitsteiliger Produktion, die anwachsende Macht gesellschaftlicher Kommunikation. "Lindberghs Empfang; Die Börse; Schlachtenlärm (Marinetti). Das ist das neue Rauschen" (Walter Benjamin). Aus diesem Kontext beziehen viele radiokünstlerischen Bestrebungen der zwanziger Jahre ihr Gegenstands- und Ausdrucksmaterial, setzen Versuche an, neue Methodiken und Systeme ästhetischen Gestaltens zu entwerfen.

3. Mit der künstlerischen Nutzung seines noch unfertigen technischen Reservoirs geht der Weimarer Rundfunk geschichtlich erste Schritte von der bloßen Abschilderung des Vorhandenen zur technischen Produzierbarkeit neuartiger Klangphänomene. Die am weitesten vorgreifenden Erklärungsmuster und gelungensten Experimente entwickeln neue Vorstellungen von Komposition, Form, Stil, ein kombinatorisches Denken in Kategorien der Montage, des Tricks, der Ungebundenheit. Vor allem dort, wo sie auf Nahtstellen oder Grenzphänomene der Klangproduktion stoßen, setzen sie traditionelle Normen musikalischen Gestaltens außer Kraft. Walter Ruttmanns "Weekend" ist ein Beispiel hierfür.

Trotz diverser Romantizismen, schwärmerischer Naturlyrik, impressionistisch gefärbter Maschinenpoesie, Hörkulisse und Illusion, die allerorten mitlaufen, kündigt das Radio seine Befähigung an, als Schöpfer neuer Kunstformen gelten zu können, deren Reproduzierbarkeit "unmittelbar in der Technik ihrer Produktion begründet" liegt (Walter Benjamin).

Der breiten Durchsetzung und Differenzierung von Verwendungsarten der mechanischen Musik, der elektrischen Tonerzeugung, der Klangfarbenmusik, der akustischen Filme, der spezifischen Rundfunkmusiken, mit denen geschichtlich neue Elemente ins moderne Kunstschaffen gelangen, steht eine Vielzahl objektiver und subjektiver Hemmfaktoren gegenüber. Einige davon seien genannt:

1. Enge Grenzen setzt der Rationalisierungsschub bei Verbreitungstechniken, die es prinzipiell ermöglichen, die Sendung von der Verkettung mit der Live-Darbietung zu emanzipieren. Dieser Vorgang, mit dem die Kultur- und Musikproduktion, vor allem im populären Bereich, von neuem angetrieben wird, verschiebt generell die Proportionen. Einschneidene Bedeutung erhalten die modernen Abspielsysteme der Schallplattenindustrie, neue Tonaufzeichnungsverfahren der Filmindustrie. Der Funk bemächtigt sich ihrer aus Rentabilitätsgründen und nutzt sie nahezu ausschließlich für rein reproduktive Zwecke. Die Möglichkeit, vermittels dieser Techniken neue Klang- und Ausdrucksmittel zu erproben, verbleibt demgegenüber im Test- und Laborstadium.

2. Der Rationalisierungstaumel gibt zudem den Ausschlag, ein Übermaß an Modeströmungen in Kunst und Theorie zu assimilieren. Fest verwurzelt mit Reproduktionspraxis und experimentellem Kunstschaffen ist bis etwa 1930/31 der Geist der Neuen Sachlichkeit. Vorgeordnet den technologischen Begründungen des eigenen Betriebs, findet diese Strömung ihre ideologischen Äquivalente in Fortschrittsgläubigkeit, Technikfetischismus und Illusionen von sozialer Harmonie. Das Profil der radiophonischen Kunstproduktion und der sie stützenden Publizistik ist nahezu in jeder Kontur mehr oder minder darauf verpflichtet.

Insbesondere die offiziell beauftragten "funkeigenen" Kompositionen kultivieren neusachliches Denken, zumeist im Sinne
thematisch-stofflicher Simplizität und gemeinschaftsfreudiger
Musizierhaltung. Nach Thematisierung zeitkritischer Problemstellungen sucht man, wenige Beispiele ausgenommen, in diesem
Bereich vergeblich.

3. Eine Fessel bedeutet ferner die Unkenntnis, das Desinteresse,
die Feindschaft der meisten Musiker gegenüber der Apparatur.
Dieser Widerstand und andere Faktoren lassen ein angemessenes
Wachstum der Bewegung und längerfristige individuelle Bindungen
nicht zustande kommen. Mehr noch blockiert die Kräfte das Ver-
sagen der Musik- und Kunstkritik, die konservativ, historisch
rückwärtsgewandt ist. Ihr Wesen enthüllt nachdrücklich die letzte Phase des Funks (1931 bis 1932/33), als restaurative, faschistische Kulturpolitik mehr und mehr an Boden gewinnt, sich überall Rückbesinnung auf romantisches Kulturgut, auf musikalisches
Volks- und Brauchtum, auf Jugend-, Gemeinschafts- und Spielmusik im Zeichen kleinbürgerlicher Innerlichkeit festsetzen. Zu
jener Zeit sorgt der Aufwind konservativer Geisteshaltung mit
dafür, daß konstruktive Versuchsarbeit für das Radio an den
Rand des Geschehens gedrängt, ja ganz zum Schweigen gebracht
wird.

4. Schließlich gehört in diesen Zusammenhang die Unfähigkeit
und Halbherzigkeit der Führungsinstanzen, Überwachungsaus-
schüsse und Kulturbeiräte des Rundfunks, die durch Restrik-
tions- und Verbotspolitik verhindern, was breite Massen der
Werktätigen fordern: einen eigenen Arbeitersender. Unter das
Verdikt des bürgerlichen Monopols fällt dabei das gesamte Spektrum der am weitesten links stehenden politischen und künstlerischen Avantgarde, darunter der proletarisch-revolutionären
Musikbewegung, die ohne dieses wichtige Experimentierfeld aus-
kommen muß. Ein "Kuhle Wampe"-Modell für den Rundfunk kommt
nicht zustande.

Aus dieser Perspektive relativiert sich die Fortschrittslei-
stung der künstlerischen Radiobewegung. Sie ist letztlich eine

historisch begrenzte Bewegung, behaftet mit den Widersprüchen
eines geschichtlich eben erst im Durchbildungsprozeß befind-
lichen bürgerlichen Kommunikationsorgans.

Anmerkungen

1 Arnold Schönberg: Ausgewählte Briefe, hg. von Erwin Stein,
  Mainz 1958, S. 146 f., S. 151 f., S. 159.

2 Darauf verweist die Programmzeitschrift "Funkstunde", Jg.
  1930 und 1931.

3 Materialien zur Funkgeschichte 2, hg. vom Deutschen Rund-
  funkarchiv, Frankfurt/Main 1986, S. 179.

4 Ernst Latzko: Rundfunk und Bayreuth, in: Rufer und Hörer,
  Jg. 1931/32, S. 570 f.

5 Hans Scheugl / Ernst Schmidt jr.: Eine Subgeschichte des
  Films (2 Bände), Frankfurt/Main 1974, S. 803 f.

6 Zitiert nach Hans-Jörg Schmidthenner: Einführung in Ruttmanns "Weekend", Rundfunksendung (Deutschlandfunk 1983).
  Über Ruttmanns Verdienste des Anfangs schreibt Hans Richter:
  "Schon zu Beginn des Tonfilms wurden weitgehende, phanta-
  sievolle Versuche unternommen, die künstlerischen Möglichkeiten des Wortes, des Tons, der Musik, des Gesangs auszu-
  nützen. Die künstlerisch-hohe Stufe des späten stummen
  Films, die Freiheit, die er in der Verwendung der Mittel
  erlaubte, lockerten damals den Mut noch, die gleiche Freiheit sich auch mit dem Ton zu erlauben. In den ersten Filmen von Ruttmann überraschten akustische Montagen, ähnlich
  den optischen der stummen Epoche." (Der Kampf um den Film,
  München und Wien 1976, S. 146.)

7 Zitiert nach Schmidthenner, a.a.O.

8 Wsewolod Pudowkin: Die Zeit in Großaufnahme, Berlin 1983,
  S. 558.

9 Zur filmischen Gestaltung des großstädtischen Milieus siehe
  Kino-Debatte, hg. mit einer Einführung von Anton Kaes, Tübingen 1978, S. 4 ff. - Gestaltungsprinzipien des Berlin-
  Films überträgt Ruttmann dann in "Melodie der Welt" (1929)
  auf globale Motive. In diesem Film gehorchen die Musik-

und Geräuschmontagen denselben Gesetzen wie die Bildmontage. Wenig später führt Dsiga Wertow in seinen ersten Tonfilmen ähnliche, von ihm schon vorher theoretisch formulierte Montageprinzipien durch ("Donbassinfonie" 1930, "Drei Lieder über Lenin" 1934), vgl. hierzu Stefan Amzoll: Nahtstellen musikalischer Komposition - Dsiga Wertows Neuerungen im frühen sowjetischen Tonfilm, in: Musik und Gesellschaft, 10/1977, S. 642 ff.

10 Alfred Braun: Hörspiel, in Hans Bredow: Aus meinem Archiv, Heidelberg 1950, S. 148 f.

11 Ruttmann: Tonfilmregie, in: Anbruch (Jg. 11) 4/1929, S. 176 f.

12 Hans-Jörg Schmidthenner: Einführung zu "Weekend", a.a.O.

13 Siegfried Kracauer: Der heutige Film und sein Publikum, in: Film und revolutionäre Arbeiterbewegung in Deutschland 1918 - 1932 (2 Bände), Berlin 1975, S. 112 f. - Daß Ruttmann auch dort, wo er ausschließlich Dokumentarmaterial heranzieht, sich in den Koordinaten rein technisch-sachlicher Gestaltung jenseits sozialer Wahrheitssuche von Kunst bewegt, darin dürfte einer der Gründe liegen für sein späteres Engagement im faschistischen Filmwesen, konstatieren auch andere Autoren. George Sadoul schreibt: "Der 'Objektivität' des 'Kino-Auges' gab Ruttmann als Inhalt statt des sozialen den animalischen Menschen. Ebenso teilte er in der Untermalung zu 'Melodie der Welt' den Worten und Geräuschen, dem Schrei und der Musik, dem Menschen und der Maschine den gleichen Wert zu, so wie auch in seiner Montage von Tonspuren 'Weekend'..." (Geschichte der Filmkunst, Wien 1957, S. 200 f.) Auch Ulrich Gregor und Enno Patalas sehen in der veräußerlichten Darstellung der Großstadtatmosphäre den Mangel Ruttmannscher Kunst: "Die Montage verleiht der Einstellungsfolge auch einen dezidierten Rhythmus; der Inhalt wird zur Funktion des 'Großstadttempos'. Der Film ("Berlin, Symphonie einer Großstadt" - d.V.) unterwirft sich und den Zuschauer der Hast, die er darstellt. Sowenig wie die gehetzten Menschen auf

der Leinwand gelangt der Zuschauer zu der Einsicht in das, was ihm widerfährt." (Geschichte des Films, 2 Bände, Hamburg 1976, S. 62.)

Klaus Mehner

Berlin und das Neue in der Musik

Daß Berlin in den zwanziger Jahren ein Zentrum der Musik gewesen ist, wird heute kaum ernsthaft bestritten; Namen und Ereignisse, Tendenzen und Gegentendenzen sprechen eher dafür als dagegen. Doch wie war es um neue Kunst, um neue Musik bestellt? Hatte auch oder gerade sie in Berlin eine Heimat? Eine solche Frage zu stellen ist angesichts der Berliner Musikgeschichte durchaus nicht unredlich. Die Hauptstadt Preußens hatte Zeiten aufzuweisen, in denen die großen Leistungen musikalischer Neuerer fernab von ihr sich vollzogen. Nicht nur böse Zungen haben sogar behauptet, der Berliner Boden sei ungeeignet, ein wirkliches Genie hervorzubringen oder für längere Zeit in sich aufzunehmen.

Glauben wir Michael Druskin - und er steht mit solchem Urteil keinesfalls allein -, dann hat es tatsächlich Affinitäten Berlins zu neuer Musik gegeben: "Soziologisch betrachtet, ist jedoch die Tatsache weitaus interessanter, daß die neuen künstlerischen Experimente bei breiten Hörerkreisen Resonanz fanden. Natürlich gab es auch öffentliche Skandale, beispielsweise bei den Premieren und der Uraufführung der 'Mahagonny'-Oper von Weill, der Schönbergschen Orchestervariationen oder von Kreneks Zweiter Sinfonie und einigen Hindemith-Werken. Aber diese Skandale erhitzten die gesteigerte emotionale Atmosphäre in den Vorstellungen und Konzerten nur noch mehr."[1]

Trotzdem sollte einmal genauer gefragt werden, was und wer denn die neue Musik der zwanziger Jahre und speziell in Berlin repräsentiert hat. Und ein wenig Begriffsgeschichte muß da wohl mit einbezogen werden.

Aus Druskins Worten ist herauszulesen, daß sich das Berlin der zwanziger Jahre durchaus aufgeschlossen verhielt gegenüber neuer Kunst überhaupt, gegenüber neuer Musik im besonderen. Sie fand Beifall, aber mindestens ebenso starke Ablehnung, selten jedoch Neutralität oder Unentschiedenheit. Ernst Křenek sprach - bezogen "auf den unbefangenen, aber in der musikalischen Tradition geübten Hörer"[2] - von der "Chokwirkung", die neue Musik ausstrahlt. Eine nähere Erklärung differenzierte dies sogleich: "Der Chok, diese charakteristische, Unbehagen erzeugende Gleichgewichtserschütterung, die nervöse Reaktion, die ein Stück von Schönberg hervorruft, ist sehr verschieden von der bei Strawinsky oder Weill. Kein Wunder, denn auch die Musik ist ja offenbar sehr verschieden. Worin ist sie nun aber genau genommen verschieden? Daß von dem Schönberg'schen Stück vorerst eine befremdliche Wirkung ausgeht, scheint ziemlich naheliegend; sein musikalischer Habitus ist entschieden abweichend vom gewohnten: im Zusammenklang stehen ausschließlich Dissonanzen, eine der bekannten Tonarten ist nicht nachzuweisen, die Melodien ergehen sich in sehr extremen Intervallen. Bei Bartók herrscht Ähnliches, wobei die charakteristisch nationale Färbung des Materials auffällt. Von Hindemith bis Weill jedoch verschiebt sich der Habitus der Musik so weit, daß er wieder sozusagen 'normal' wird, geradezu aufreizend normal. Und das ist es eben: hier geht die Chokwirkung von dem aufreizenden Charakter der Normalität aus."[3]

Lassen wir zunächst einmal die namentlichen Differenzierungen außer acht: Das Neue als das schlichtweg Ungewohnte - in Kreneks Worten erfährt es eine lebendige Beschreibung. Doch darf man nicht vergessen, daß die Neue Musik, deren Adjektiv wir groß zu schreiben gewohnt sind, keine Erfindung dieses Jahrzehnts darstellt. Ihr Dasein hatte bereits in den ersten zehn Jahren unseres Jahrhunderts begonnen, spätestens um 1910 waren ihre markantesten Züge durchaus bekannt. Ihre Entstehung und Entwicklung ist mit dem Wirken des Komponisten und Lehrers Arnold Schönberg untrennbar verbunden. Er war sozusagen das Haupt einer Richtung, die - konsequent die Folgerungen aus wenigstens zwei Jahrhunderten europäischer Musik ziehend - zunächst die Grenzen der Tonalität bis zur Unkenntlichkeit erweiterte, um diese dann gänzlich preiszugeben. Musik solcher Art rief auch in den zwanziger Jahren Schockwirkungen hervor; man denke nur einmal an die beiden wichtigsten Aufführungen des

"Pierrot lunaire" 1922 unter der Leitung von Hermann Scherchen und 1924 unter der von Fritz Stiedry. Hinzu kommt, daß letztere bereits in anderer Weise zum Skandal geriet, indem sich Rassenhaß und Parolen wie die vom "Musikbolschewismus" zu Wort meldeten.

Solcherart Verständnis des Neuen in der Musik stellt nun eine Seite der Sache deutlich heraus – die des Kompositorischen, des Handwerklich-Technischen. Der Grad des Neuseins und der erreichte Stand im Bereich der Kompositionstechnik gehen eine Verbindung ein. Zur theoretischen Untermauerung dieser Anschauung haben neben Schönberg selbst vor allem Paul Bekker[4] und ganz besonders Theodor W. Adorno[5] beigetragen. Durch ihre Schriften und Kritiken ist der Begriff des musikalischen Materials und die Vorstellung von Materialentwicklung oder gar -revolution entschieden verbreitet worden.

Doch zur Weiterentwicklung des musikalischen Materials bekannten sich neben Schönberg auch eine Reihe weiterer bedeutender Komponisten, in etwa gleichen Alters wie er oder nur wenig jünger. Da waren zunächst einmal seine beiden bedeutendsten Schüler Alban Berg und Anton Webern, deren Werke in Berlin nach 1918 einige Male auf den Konzertplänen erschienen. Da war Béla Bartók, der mit seiner Musik und mit Äußerungen wie der für die "unbeschränkte und vollständige Ausnutzung des ganzen vorhandenen, möglichen Tonmaterials"[6] auf sich aufmerksam machte. Und da war nicht zuletzt Igor Strawinsky, dessen motorisch-rhythmisch geprägte Musik Erstaunen auslöste.

Schon diese fünf Namen, die in Musikgeschichten unseres Jahrhunderts gern als die Vertreter einer ersten Generation der Neuen Musik bezeichnet werden, verweisen auf ein beträchtliches Spektrum dessen, was unter Neuer Musik und unter konsequenter Materialentwicklung verstanden werden muß. Wohl am deutlichsten hat sich später – allerdings unter Einbeziehung der weiteren Schaffensergebnisse – Adorno geäußert, als er in seiner "Philosophie der Neuen Musik" den Weg Schönbergs mit dem Wort "Fortschritt" apostrophierte, den Strawinskys dagegen mit "Restauration". Damit war unter dem Gesichtspunkt der Materialfrage eine entscheidende Einengung erfolgt, die in solcher Totalität historisch ungerechtfertigt war. Aber sie gab Einblicke in Schwerpunkte der Entwicklung und in charakteristische Betrachtungsweisen.

Von Adolf Weißmann, einem getreuen Chronisten des beginnenden 20. Jahrhunderts, stammt der Ausspruch: "Schönberg als treibende Kraft anerkennen, ohne doch Schönbergianer zu sein: dies scheint mir wichtig."[7] Er trifft für Berlin in nahezu einmaliger Art und Weise zu. Zwar hatte Schönberg im "intellektuellen Berlin" einen "Wachposten", wie ihm Weißmann bestätigt; auch die Jahre bis 1933, da er Vorsteher einer Meisterklasse an der Preußischen Akademie der Künste war, garantieren ihm ein bestimmtes Maß an künstlerischer Präsenz. Doch die Weißmannsche Devise ist interpretierbar als Ausdruck vielfältiger und vielspältiger Tendenzen, wie sie für die zwanziger Jahre kennzeichnend sind.

Schon die Konzertsaison 1918/19 leitete eine erste Phase der "Golden Twenties" für die Neue Musik ein, wenn man der Meinung des Komponisten Heinz Tiessen folgt[8]. Er verbündete sich mit dem Pianisten und Komponisten Eduard Erdmann und dem Dirigenten Hermann Scherchen; das Triumvirat wirkte mit großem Einsatz beim Bekanntmachen bedeutender Werke des frühen 20. Jahrhunderts. Scherchen gründete eine Neue Musikgesellschaft und gab die Zeitschrift "Melos" heraus. Frischen Wind bekam der "Allgemeine Deutsche Musikerverband" zu spüren durch die Wahl von Tiessen und Georg Schünemann in seine Jury.

Da der große Bogen bis zu den Weill-Uraufführungen 1932 nicht vollständig nachvollzogen werden kann, sei am Zeitraum eines reichlichen halben Jahres, der zweiten Hälfte von 1922 und dem Beginn von 1923, diese Vielfalt etwas genauer angedeutet. Erwähnung fand schon die "Pierrot lunaire"-Aufführung vom 7. Oktober unter der Leitung von Hermann Scherchen. Am 17. Oktober wurde die deutsche Ländergruppe in der "Internationalen Gesellschaft für Neue Musik" (IGNM) gegründet, ein Ereignis, das international starke Beachtung fand. Die Gesellschaft veranstaltete einen Monat später ihr erstes Konzert in der Philharmonie; Ernest Ansermet hatte Werke von Albert Roussel, Ferruccio Busoni, Claude Debussy und Igor Strawinsky

auf das Programm gesetzt. Wenige Wochen danach gab es bereits
ein zweites Konzert, diesmal unter Scherchens Leitung. Hier
konnte man Vertretern einer jüngeren Generation begegnen: Von
Ernst Křenek, dem Schreker-Schüler, erklang die Symphonische
Musik op. 11, von Paul Hindemith die Kammermusik op. 24 Nr. 1
und der Trakl-Zyklus "Die junge Magd".

Seit 1922 organisierten die Musiker, die sich der ursprünglich von bildenden Künstlern und Architekten gegründeten "Novembergruppe" angeschlossen hatten, in ziemlich regelmäßigen
Abständen sehr aufmerksam verfolgte Konzerte. Nach und nach
konnte man so Schöpfungen von Max Butting, Philipp Jarnach,
Wladimir Vogel, Kurt Weill, Hanns Eisler, Felix Petyrek, Stefan
Wolpe, Hans Heinz Stuckenschmidt und anderen begegnen. Ein viel
beachtetes Konzert gab der Pianist und Komponist Eduard Erdmann
am 18. Oktober: Ernst Křeneks "Toccata und Fuge" op. 13 rief
Stürme der Entrüstung hervor, vor allem wegen der Vermischung
eines Foxtrotts mit einem scheinbaren Choral.

Die Hochschule für Musik setzte sich unter dem Direktorat
von Franz Schreker in breitem Maße für die Förderung des zeitgenössischen Schaffens ein. Im November hielt ihr Stellvertre-
tender Direktor Georg Schünemann dort einen Vortrag zu Fragen
der Vierteltonmusik; in diesem Rahmen kam auch ein Viertelton-
quartett, das 2. Streichquartett von Alois Hába, zur Uraufführung. Und im Herbst 1922 weilte Edgar Varèse zu Besuch in Berlin und machte mit einigen seiner Werke bekannt. Daß selbst
traditionsreiche Kunstinstitutionen sich der Neuen Musik nicht
ganz verschließen konnten, bewies das Programm des 5. Orche-
sterkonzerts 1922/23 beim Berliner Philharmonischen Orchester:
Unter Wilhelm Furtwängler erklangen die Fünf Orchesterstücke
op. 16 von Arnold Schönberg.

Die sich in diesem gedrängten Überblick abzeichnende Vielfalt macht im Ansatz auf ein ganz andersgeartetes Problem der
Neuen Musik aufmerksam: Neben den bekannten Vertretern einer
ersten Generation begegnen dem Konzertbesucher Komponisten,
die eine zweite, jüngere Generation repräsentieren. Sie stehen
vielfach in Opposition zu diesen Älteren, empfinden Überdruß
gegenüber deren Kunst, die vor allem auf stete Materialent-

wicklung gerichtet ist. Dem verleiht der Dirigent Hermann Scherchen folgendermaßen Ausdruck: "Nicht neue Klassizität, nicht Schönberg und Béla Bartók - überhaupt nicht diese verfeinerte, an zu vieler Gehirnintensität krankende Kunst; ein neues, einfach-monumentales Schaffen, aus tiefstem Gemeinschaftsgefühl erwachsen, im Volksgesang verankert, wird die Zukunft der Musik sein."[9]

In Wahrheit ist dies aber nur ein Teil des Ausdrucks für ein sich immer mehr verstärkendes Unbehagen an spezifischen Formen des herkömmlichen bürgerlichen Musikbetriebes. Es ist die Zeit unmittelbar nach Kriegsschluß, für viele verbunden mit der Vorstellung nicht nur eines materiell-ökonomischen, sondern auch eines totalen geistigen Zusammenbruchs. Bei Adolf Weißmann heißt es dazu: "Eine Erschütterung ist jedenfalls auch für uns, die Künstler, zu spüren. Urplötzlich enthüllen sich nicht nur, selbst für die bisher von den Ereignissen Unberührten, die Zusammenhänge zwischen Kunst und Weltwirtschaft; etwas lange schon in hellsichtigen Geistern Gärendes drängt zur Tat. Die Kultur, Überkultur des Bürgertums wird als Erstarrung empfunden. Eine neue Gesellschaft wird vorgeahnt. Ein Strich wird unter die Vergangenheit gezogen.

Während noch die bürgerliche Kunstverwertung im Betrieb in atemloser Hast vorwärtsschreitet, wird das Dogma von der neuen Kunst, die sich längst schon in einer durch die geistige Blokkade genährten, schrankenlosen Einseitigkeit entfaltet, mit ganz neuer Wucht herausgeschrien. Künstler und Proletarier im Bunde, Zertrümmerung aller durch bürgerliches Gesetz geschaffenen Werte, damit Neues werde: dies die Losung."[10]

Eine gärende, brodelnde Atmosphäre ist es, die hier beschrieben wird, ein Schmelztiegel für Kunst und Künstler und nicht nur für sie. Daß auf die Künste und in dem Zusammenhang auch auf die Musik so große Hoffnungen bei der geistigen Erneuerung gesetzt werden, zeigt sich allerorten; für einen großen Teil der Künstler aber war diese Hoffnung verbunden mit mehr oder weniger konsequenter Ablehnung bisheriger bürgerlicher Funktionsmechanismen und Institutionen. Das Neue wird nun zu einem funktionellen und institutionellen Problem. Es ist

gerichtet gegen jede subjektivistisch übersteigerte Musik,
in der sich das "Ich" des Produzenten auslebt; nicht "Ich-
Musik", sondern "Es-Musik" wird gefordert, bei der uns "der
psychische Anlaß ihres Entstehens" so gut wie gar nicht interessiert.[11] Es ist demnach auch gerichtet gegen jede Art von
Genuß-Musik, verlangt dafür stark objektivierende Züge. Und
es ist gerichtet gegen die gängigen Formen der Musikverteilung,
speziell in solchen Institutionen wie dem Konzertsaal und auch
der Oper; verwirklicht wird dies durch "Revolte von innen",
durch gezielte Schockwirkungen, aber auch durch Schaffung neuartiger Vereinigungen, Verbände und Institutionen. Dabei fällt
dem kollektiven Wirken eine bedeutende Rolle zu, sei es in
loseren oder in festeren Verbindungen. "Genossen müssen wir
werden: Tun wir uns zusammen, arbeiten wir und ergänzen wir
uns in Werkstätten, auf dem Bauplatz. Nehmen wir nur einen Maß-
stab: den der Dinge, für die wir leben. Setzen wir uns nur ein
Ziel: Dienst des Lebens."[12] So formulierten es die Künstler
der "Novembergruppe" in ihrer Zeitschrift. Was sich hier schon
andeutet, sagt Ernst Křenek später genauer, wenn er in einem
Vortrag 1925 die Kunst als gar nichts so Wichtiges annimmt,
wichtig sei das Leben: "Wir wollen leben und dem Leben in die
Augen sehen und mit heißem Herzen 'ja' dazu sagen ..."[13]

Die Musik tut es, indem sie sich mit der Technik verbündet,
ja sogar versucht, ihr mögliche künstlerische Ausdrücke zu
verleihen. So hält die Maschine oder das Maschinenmäßige Einzug in die Musik, etwa in Arthur Honeggers Orchesterwerk "Pa-
cific 231" als unmittelbarer Darstellungsgegenstand, auch in
Bereiche der Interpretation, wenn zum Beispiel Strawinsky
im Rhythmisch-Gleichmäßigen einer Nähmaschine ein Ideal für
sein Concertino für Streichquartett (1920) findet. Die Musik
verbündet sich folgenreich mit den neuen technischen Medien
und gewinnt auf diesem Wege ganz neue Ausdrucksmöglichkeiten.

Schon 1921 schreibt Max Butting die Musik zu einen Film von
Walter Ruttmann, seinem "Lichtspiel Nr. 1", aufgebaut auf Se-
quenzen abstrakter Zeichnungen. Das Weiterdenken der Spezifik
von Filmmusik bringt bald eine ganz eigene Richtung hervor
mit besonders ihr verpflichteten Komponistennamen. Ebenso

wirken Komponisten beim neuen Medium Rundfunk mit. Von Anfang
an gibt es - gefördert durch die Rundfunkversuchsstelle an
der Berliner Hochschule für Musik - zahlreiche Versuche, bewußt für dieses Medium zu schreiben und damit vor allem Auf-
nahme- und Übertragungsbedingungen zu berücksichtigen. Auch
hier ist es neben Paul Dessau und Paul Hindemith wieder Max
Butting, der in vorderster Reihe arbeitet.

Betrachtet man die ganze Entwicklung vom Ende des Jahrzehnts
her, dann bietet sich ein noch weitaus breiteres Panorama der
Positionen an. "Ich wittere eine neue 'Richtung' der Musik",
bemerkt der Musikpädagoge und -kritiker Alfred Baresel 1928
in einem Aufsatz gleichen Titels.[14] Was er dann aufzählt, ist
tatsächlich ein Zeichen für weitergehende Veränderungen: Er
schreibt über Paul Hindemith und seine vielfältigen Beziehun-
gen zur Jugendmusik und zur Wandervogel-Bewegung.

Diese Etappe in Hindemiths Schaffen, von vielen mißver-
standen oder auch bewußt abgelehnt, entsprach seinem eigenen
Konzept von einer "Gebrauchsmusik", die sich nicht nur dem
Hörer einfach stärker zuwendet, sondern auch in anderen Ge-
brauchszusammenhängen funktioniert. Pädagogische Ambitionen
waren da ebenso wirksam wie der Hang zur Spielmusik. Exemplarische Werke entstanden in der Kammermusik und im Bereich der
Spiel- und Jugendmusik ("Wir bauen eine Stadt"; "Plöner Mu-
siktag").

Baresel schreibt des weiteren über Ernst Křenek und seinen
Opernerfolg "Jonny spielt auf". Diese nach ihrer Uraufführung
1927 in Leipzig von über hundert Bühnen nachgespielte Oper
stellte eine Station auf Křeneks Schaffensweg dar, die den
Komponisten zum Gegenstand allgemeiner Sensationslust machte.
Wer seinen Start in Berlin als einer der radikalsten unter
den jüngeren Expressionisten zur Kenntnis genommen hatte, mußte verwundert sein. Inwiefern die Oper mit ihrem Jazz- und
Saxophonklang wirklich ein bewußt geplantes Gegenkonzept zur
damaligen Opernpraxis darstellen sollte, sei offen gelassen.
Tatsache aber ist, daß sie verstanden werden muß im Zusammenhang mit Křeneks Suche nach Möglichkeiten des Unterhaltenden,
des Einfachen in der Musik, wozu ihn Erlebnisse in Frankreich

und in der Schweiz zusätzlich angeregt hatten. Spätestens seit seiner Oper "Karl V." jedoch war klar, daß es sich bei dieser Phase nur um ein Durchgangsstadium gehandelt hatte, aus der besonderen Situation der zwanziger Jahre resultierend.

Und Baresel schreibt über die Lyrik, die in die Musik wieder stärker Einzug gehalten hat. Sein Verweis auf Beispiele nennt neben einem Streichquartett von Alexander Mossolow vor allem Alban Bergs Kammerkonzert von 1925. Daß hier der Name Berg auftaucht, ist nur scheinbar verwunderlich: Berg war zwar Schönberg-Schüler und inzwischen Anhänger von dessen dodekaphoner Kompositionsmethode geworden, benutzte jedoch deren Möglichkeiten in anderer, eigenwilligerer Weise als etwa sein Lehrer oder sein Freund Anton Webern, zum Beispiel in Fragen von Konsonanz- und Dissonanzbildung oder von melodischen Abläufen. So kommt es, daß ein Werk wie dieses Kammerkonzert, dem ein strenges Bauprinzip zugrunde liegt, trotzdem den Eindruck des Lyrischen hinterläßt.

Solche Entwicklungen haben eindeutig zu tun mit dem Problem des Neuen aus funktioneller und auch aus institutioneller Sicht. Angestrebt wird eine Popularisierung der Musik, überhaupt eine Musik, der allgemeine Anerkennung nicht versagt bleibt. Dazu bedarf es sicher keiner grundsätzlichen Revolution der Musikverhältnisse, aber doch des In-Frage-Stellens tradierter bürgerlicher Konzepte. So entsteht im zeitgenössischen musikalischen Bewußtsein ein Bruch zwischen denen, die eindeutig in den Traditionen bürgerlichen Musiklebens stehen, und den anderen, die mehr oder weniger deutlich dagegen opponieren. Der damit verbundene Konflikt ist zumindest teilweise auch ein Konflikt zweier Generationen der Neuen Musik, insgesamt jedoch mehr als das; zudem verbindet er auf beiden Seiten Vertreter unterschiedlichster kompositorischer Richtungen. Hier auch wird verständlich, warum sich Arnold Schönberg mit Franz Schreker auf eine Stufe stellen kann, wiewohl dieser im kompositorischen Bereich ganz andere Wege gegangen ist. Er schreibt ihm zu seinem 50. Geburtstag: "Lieber Freund, wir beide stammen aus jener guten alten Zeit, wo die unsympathischen Menschen sich als solche kenntlich machten, indem sie uns 'Neutöner' nannten. Wie

sollen wir uns in einer Gegenwart zurechtfinden, wo sie uns
'Romantiker' heißen."[15]

Erstaunlich ist die Wandlung vom "Neutöner" zum "Romantiker"
schon; sie kann nur bedeuten, abseits von aktuellen Entwicklungen zu stehen, den Anschluß an die Probleme der Zeit verloren zu haben. Doch solcherlei Einschätzung wirft die Frage
nach der sozialen Relevanz derartiger "Neuerungen" oder "Oppo-
sitionen" auf. Bei ihrer Beantwortung muß man berücksichtigen,
daß der Expressionismus der frühen zwanziger Jahre mit seinen
Vorstellungen von der gesellschaftlichen Wirkung der Kunst wesentlich weiter gegangen war als die meisten der hier zuletzt
genannten Bewegungen. Häufig waren sie nur die harmlose Kehrseite des bürgerlichen Musikbetriebes und von diesem wenn
schon nicht vollständig einzupassen, so doch meist problemlos
zu tolerieren. Die einzige wirkliche Alternativposition im
Bereich des sozialen Engagements der Musik wurde erst durch
das Erstarken der Arbeitermusikbewegung wirksam.

An Vorstellungen darüber, wie und mit welchen gesellschaftlichen Kräften nach 1918 das Musikleben neu aufgebaut werden
sollte, gab es keinen Mangel. Große Hoffnungen wurden auf die
zahlenmäßig stärkste Klasse, das Proletariat, gesetzt. So wie
schon Adolf Weißmann sah man in der Verbindung von Musik und
Proletariat wichtige herangereifte Möglichkeiten. Zumeist war
es die Unverbrauchtheit in Sachen Kunst, die man am Proletariat konstatierte. Das "Sonderheft Berlin" der "Musikblätter
des Anbruch" schätzte 1921 bereits ein: "An den großen Volks-
konzerten in der Neuen Welt, in der Philharmonie, in der Volksbühne am Bülowplatz beteiligen sich die besten Sänger und Instrumentalisten. Muck, Schillings, Blech, um nur einige zu
nennen, schwingen dort den Taktstock. Der Arbeiter hat die
Möglichkeit, Wanda Landowska zu gar kleinen Preisen Couperin
spielen zu hören. Er kann aber auch die Kammersymphonie von
Schönberg hören. Bei diesem unverbrauchten Publikum, dessen
Aufnahmefähigkeit durch keinerlei ästhetische Schlagworte be-
einflußt ist, geht einem das Herz auf. Die Arbeiter kümmern
sich den Teufel darum, ob sich die Moderne mit den klassischen
Normen in Einklang bringen lasse oder nicht, sie gehen ohne

Hemmungen ins Konzert, sie ballen nicht im voraus die Faust in der Tasche, sie begnügen sich, zu fühlen."[16]

Schon wesentlich genauer und - wie wir heute sagen können - mit durchaus perspektivischen Tendenzen sah diese Frage Ernst Křenek in dem schon erwähnten Vortrag aus dem Jahre 1925. Nachdem er der Bourgeoisie, jener Klasse mit den großen kulturellen Traditionen, nachgewiesen hatte, daß ihr in der Gegenwart große tragende Ideen fehlen, stellte er fest: "Das Bürgertum, in seinen demokratischen Errungenschaften längst gesichert, verlangt von der Kunst heute nur noch Unterhaltung in Form von Tanzmusik."[17] Gleichzeitig stellte er fest, daß das Proletariat heute noch nicht soweit sei, Kunst wirklich zu verstehen: "Dieser Zustand wird solange anhalten, als es nicht im innersten und reinsten Sinne klassenbewußt wird, das heißt, solange es, bewußt oder unbewußt, danach strebt, der Errungenschaften der Bourgeoisie teilhaftig zu werden. Bis dahin wird der Arbeiter, wenn es seine Organisation veranlaßt, gerne Beethovens Werke anhören, ja sogar der oben geschilderten Suggestionskraft dieser einer ganz anderen Gemeinschaft gewidmeten Kunst bis zu einem gewissen Grade teilhaftig werden, aber aus innerstem Antrieb sein erspartes Geld ins Operettentheater tragen, um die Erfüllung seiner Wunschträume zu erleben, nämlich die feinangezogenen Damen und Herren, Grafen und Komtessen auf der Bühne zu sehen und sich in einer ihm nur allzu verständlichen musikalischen Sprache ausdrücken zu hören. Von jenem Tage an, wo ihm die Errungenschaften der Bourgeoisie nicht mehr erstrebenswert, sondern uninteressant und gleichgültig sein werden, können wir auf eine neue Kunst hoffen, die das Proletariat schaffen wird, weil es sie wollen wird."[18]

Sicher sind solche Analysen nicht frei von vulgär-materialistischen Vorstellungen - so etwa in der Beziehung zum Erbe -, aber wichtige Gedanken enthalten sie schon. Einer davon ist der des Klassenbewußtsein, das sich das Proletariat erwerben muß. In bezug auf die Künste und auch auf die Musik war dies ein komplizierter Prozeß, der ohne Mitwirkung und Mithilfe von Fachleuten aus der künstlerischen Intelligenz undenkbar gewesen wäre. An der Spitze stand dabei Hanns Eisler, und zwar

sowohl als Komponist wie auch als Theoretiker; neben beziehungs-
weise mit ihm arbeiteten Stefan Wolpe, Wladimir Vogel, Ernst
Hermann Meyer und Paul Dessau, um nur die wichtigsten zu nennen.
Vergessen werden sollten auch nicht die Leistungen Hermann
Scherchens und Heinz Tiessens speziell bei der Leitung von
Chören und der Verbreitung von Liedgut.

Doch am Beispiel der Musik für das Proletariat tritt von
Anfang an die Frage des Neuen aus kompositorischer Sicht -
allerdings quasi vom Gegenpol aus - wieder auf den Plan. Krenek hatte sie für sich in der Art beantwortet, daß seiner Meinung nach der für eine neue Gemeinschaft produzierende Künstler "das allgemeine und verständliche Material neu empfinden
und gestalten muß"[19]. Und exemplarisch spricht er dann das
Tonika-Dominant-Verhältnis an, das in dem Prozeß auch neue Bedeutung erlangen soll. Verkürzt auf eine Formel gebracht heißt
das, neue, dem Proletariat dienende Musik zu machen mit - neu
gestaltetem - allgemeinem und verständlichem Material.

Hier nun steht ein zentrales Problem zur Diskussion, das
Auswirkungen bis in die Gegenwart, bis zu Vorstellungen über
die Gestaltung unserer Musikkultur nach 1945 hatte und noch
hat. Kann eine derartige Neugestaltung oder Rücknahme überhaupt
ein tragfähiges Konzept abgeben? Ist es möglich, das Eintreten
für gesellschaftlichen Fortschritt und für die künftige führende Klasse so grundsätzlich vom entwickelten Stand des musikalischen Fortschritts zu trennen? Gewiß gibt es in der Arbei-
terkampfmusik wirksame Beispiele für diesen Weg, aber sie sind
doch sehr stark auf die vokalen Gattungen zugeschnitten. Als
grundsätzliches und gar längerfristiges Konzept zur Gestaltung
der Musikkultur einer ganzen Gesellschaft ist es ungeeignet,
wie auch unsere eigene Entwicklung hinlänglich bestätigt haben
dürfte. Und insofern müßte eine der Lehren aus der jüngeren
Musikgeschichte darin bestehen, Neues aus kompositorischer
Sicht beziehungsweise aus funktioneller und institutioneller
Sicht nicht prinzipiell voneinander zu trennen, sondern in
steter Wechselwirkung zu sehen.

1918/19 hatten die "goldenen Jahre" der Neuen Musik insbesondere in Berlin begonnen; 1928 hatten sie ihren Höhepunkt

erreicht. Es war das Jahr der szenischen Uraufführung von Igor
Strawinskys "Oedipus Rex", auch das Jahr der Uraufführung
zweier Opern von Kurt Weill. Zwar gab es 1930 noch ein Fest
Neuer Musik in Berlin, zwar konnte Weill 1932 mit "Aufstieg
und Fall der Stadt Mahagonny" noch einmal Aufsehen erregen,
aber der Niedergang hinter einer oft noch glänzenden Fassade
hatte bereits begonnen. Einem steilen Aufstieg nach Ende des
Krieges folgte einige Jahre vor dem Machtantritt der Faschisten ein ähnlicher Abstieg.

Sich dieser Zeit heute wieder zu erinnern kann bedeuten,
gerade diesem bemerkenswerten Interesse für Neues in der Kunst
nachzuspüren und daraus nützliche Anregungen für die Gestaltung
gegenwärtiger Kunstprozesse zu gewinnen. Und davon können wir
eher mehr als weniger dringend brauchen.

Anmerkungen

1 Michail Druskin: Berlin, Anfang der dreißiger Jahre, in:
  Kunst und Literatur 11/1970, S. 1215 f.
2 Ernst Křenek: Über Neue Musik. Sechs Vorlesungen zur Einführung in die theoretischen Grundlagen, Wien 1937, S. 6.
3 Ebenda S. 7.
4 Paul Bekker: Neue Musik, Berlin 1919.
5 Theodor W. Adorno: Philosophie der Neuen Musik, Tübingen
  1949; ders.: Alban Berg. Zur Uraufführung des "Wozzeck",
  in: Musikblätter des Anbruch, 7. Jg. (1925), S. 531 f.
6 Béla Bartók: Das Problem der neuen Musik, in: Melos, 1. Jg.
  (1920), S. 109.
7 Zitiert nach Heinz Tiessen: Das erste Drittel des Jahrhunderts, in: Berlin als Musikstadt. Die Jahre 1910 - 1960,
  Zugänge Heft 2, Bern und München o.J., S. 7.
8 Ebenda.
9 Hermann Scherchen: "Neue Klassizität?", in: Melos, 1. Jg.
  (1920), S. 243.
10 Adolf Weißmann: Die Musik in der Weltkrise, Stuttgart und
   Berlin 1922, S. 47.

11 Eduard Erdmann: Beethoven und wir Jungen, in: Vossische Zeitung, 16.12.1920.

12 "Absage und Aufruf", in: "Der Kunsttopf", Berlin, Dezember 1920.

13 Ernst Křenek: Musik in der Gegenwart, in: 25 Jahre Neue Musik. Jahrbuch 1926 der Universal Edition, hg. von Hans Heinsheimer und Paul Stefan, S. 59.

14 Alfred Baresel, in: Neue Musik-Zeitung, Jg. 49 (1928), S. 189.

15 In: Musikblätter des Anbruch, 10. Jg. (1928), S. 82.

16 Siegmund Pisling: Das Konzert, in: Musikblätter des Anbruch, 3. Jg. (1921), S. 359.

17 Ernst Křenek: Musik in der Gegenwart, a.a.O. S. 51.

18 Ebenda S. 53 f.

19 Ebenda S. 57.

Frank Schneider

Berliner Musikkritik

Erinnerung

Wie schön ist es doch, kein Berliner Musikkritiker in den
achtziger Jahren zu sein! Wie wenig beneidet man gerade im
Jubiläumsjahr 1987 die Anstrengungen einer kleinen Zunft, der
Überfülle musikalischer Angebote auch nur annähernd lobend gerecht zu werden! Und wie leicht läßt sie sich noch dafür kri-
tisieren, was alles sie gar nicht sagt und unkommentiert bleiben muß - was aber zu anderer Zeit, und namentlich in den zwanziger Jahren, einer ganzen Heerschar von Berufskollegen wohl
kaum entgangen wäre. Hätte damals beispielsweise das April-
Konzert der Komischen Oper stattgefunden - ein Konzert ausdrücklich im Zeichen des hauptstädtischen Jubiläums: Mit Sicherheit würde ihm die Ehre wenigstens einer scharfen Glosse
zuteil geworden sein. Auf dem Programm standen Busonis Studien
zu "Doktor Faust", Bruchs 2. Violinkonzert und Mendelssohns
4. Sinfonie. Zwar wirkten diese drei Komponisten mehr oder weniger dauerhaft in Berlin, aber keines der Werke entstand hier,
geschweige denn, daß irgendwelche thematischen Bezugspunkte
existierten. Hinter solcher, vielleicht zufälliger Auswahl ver-
birgt sich freilich etwas sehr Charakteristisches: daß es nämlich so etwas wie einen "Berliner Stil" oder gar eine "Berliner Schule" nicht gegeben hat. Ansatzweise kann man in kompo-
sitionsgeschichtlicher Hinsicht von einer "berlinischen Musik"
in der zweiten Hälfte des 18. Jahrhunderts sprechen, und möglicherweise läßt sich einmal, angesichts der Konzentration kompositorischer Potenzen in der DDR-Hauptstadt, für unsere Gegenwart ähnliches feststellen. Aber in der großen Zeitspanne da-
zwischen machten die Bahnen des musikalischen Weltgeistes des
öfteren gewisse Umwege. Trotzdem blieb Berlin ein vorzüglicher
Treffpunkt für viele große Komponisten und wurde dann endlich

auch in den zwanziger Jahren zu einem wirklichen Mekka der vielfältig experimentierenden musikalischen Avantgarden. Mit seinem überreichen, glanzvollen Musikleben galt es vor allem in jenem Jahrzehnt als ein so begehrter wie gefürchteter Platz für Erfolge und Ruhm - und daß dies so war, verdankt die Stadt nicht zuletzt dem internationalen Ruf einer besonderen Institution: der Berliner Musikkritik.

Diese Institution verdient, zumindest für den angesprochenen Zeitraum, vielleicht unter allen musikgeschichtlichen Phänomenen Berlins am ehesten den bündischen Begriff der "Schule" - aber ich sage mit Vorbedacht "vielleicht", weil wir hier ein Gebiet betreten, das einem unerforschten Dschungel gleicht und dessen musikhistorische, -soziologische oder -psychologische Durchdringung erst noch bevorsteht. Gerechtfertigt scheint mir der Begriff zum einen durch die auffällig rationalistische Argumentationstechnik, die überwiegend fortschrittsfreundliche Gesinnung und einen übergreifenden Ton kämpferischer, scharfzüngiger Polemik zu sein. Andererseits bestand dieser kritische Chor aus einer hinreichend großen Zahl von Stimmen auf engstem Raum und mit oft bemerkenswerter Ausdauer, wie sie keine andere Stadt der Welt aufzubieten vermochte. Man bedenke, daß im Berlin der zwanziger Jahre, die Fachzeitschriften abgerechnet, rund fünfzig Tageszeitungen mit meist ausgedehntem Feuilleton und also regelmäßiger, professioneller Musikkritik erschienen!

Gegen den Begriff einer kritischen "Schule" lassen sich freilich auch Bedenken anmelden, etwa derart, daß natürlich nicht ein homogenes Spektrum der Meinungen, sondern ein äußerst buntes, widerspruchsvolles, ja miteinander verfeindetes Gemisch von Gruppen, Fraktionen und Solisten vorherrschte und daß der ganzen Mannschaft zwar eine berufsbedingte geistige Lebensform gemeinsam war (in den Spielräumen der Abhängigkeit vom politischen Kurs der jeweiligen Presse-Herren), ihr aber eine fachlich überragende Lehrerfigur, ein Spiritus rector, ein großer Charakterkopf fehlte (wie es in der Tradition der Berliner Musikkritik etwa Friedrich Wilhelm Marpurg, E.T.A. Hoffmann, Ludwig Rellstab und Wilhelm Tappert oder gar in Wien Eduard Hanslick gewesen war).

Charakteristisch für die zwanziger Jahre ist nicht die geniale Einzelleistung, sondern ein breitgefächertes musikkritisches Ensemble, das sich durch hohe Professionalität, außerordentliche Reaktionsschnelligkeit und stilistische Eloquenz auszeichnet und das wir aus gereifter Einsicht nicht unbedingt tadeln müssen, weil es aus vorwaltend eng-germanophiler Perspektive die musikalischen Ereignisse gleichsam "autonom" reflektierte, zu ästhetizistischen Argumentationen tendierte, auch faschistoide Sprößlinge hervortrieb und marxistischem Denken weitgehend fernblieb.

Auch damals half Musikkritik, den kapitalistischen Musikbetrieb zu illuminieren, doch wenn sie mit dafür sorgte, daß der schöne Schein nicht bloß klanglich, sondern ebenso literarisch glitzerte, dann werden nur unverbesserliche Beckmesser ideologische Verblendungen tadeln, weil ihnen der aufklärerische Impuls des polyphonen, kontrapunktischen Kritik-Diskurses gerade wegen des glänzenden Feinsinns gefährdet zu sein scheint.

Namen

Wer nun gehörte zu jenem Ensemble der Berliner Musikkritik? Der Kreis bleibt groß, auch wenn wir nur den Stamm von Berufskritikern betrachten, der für die Tagespresse arbeitete und neben einem weitgesteckten Themenkreis (der oft musikpolitische Fragen und Probleme des eigenen Metiers einschloß) vor allem den geläufigen Typus der aktuellen Werk- bzw. Aufführungskritik bediente.

Wenn wir nur an die wichtigsten Namen erinnern, die in den zwanziger Jahren aktiv hervortraten und verschiedene Generationen repräsentieren, dann müssen als erste, weil älteste, Carl Krebs (1857 - 1937) und Leopold Schmidt (1860 - 1927) hervorgehoben werden. Krebs, der als Nachfolger Philipp Spittas an der Berliner Musikhochschule wirkte, ein profunder Kenner der Musikgeschichte des 18. und 19. Jahrhunderts war und mit einer bemerkenswerten Studie über die Lage weiblicher Berufsmusiker Aufsehen erregte, schrieb Musikkritiken vor allem von 1901 bis 1931 für die deutsch-national orientierte Zeitung "Der Tag", ein sehr konservatives Blatt, dem er, gestützt auf das Wertgefüge der deutschen Klassik bis Brahms, getreulich diente. Schmidt arbeitete ebenfalls dreißig Jahre, von 1897 bis 1927, für das bürgerlich-demokratische "Berliner Tageblatt", das der Deutschen Demokratischen Partei nahestand und die offizielle Politik der Weimarer Republik loyal unterstützte. Er hatte als Komponist und Kapellmeister begonnen, war mit Biographien über große Musiker populär geworden und setzte sich als Kritiker besonders nachdrücklich für Richard Strauss ein.

Auch Max Marschalk (1863 - 1940), ein Schwager Gerhart Hauptmanns und ästhetisch vom literarischen Naturalismus geprägt, kam, ein verhinderter Musiker und wenig erfolgreicher Verleger, nach kompositorischen Anfängen zu publizistischem Erfolg. Er schrieb Kritiken von 1895 bis 1934 in der "Vossischen Zeitung", Berlins ältester, die auch in den zwanziger Jahren einen liberalen, parteipolitisch relativ unabhängigen Kurs steuerte. Marschalk entwickelte, ausgehend von seiner starken Sympathie für die Musik Gustav Mahlers, ein differenziertes Interesse auch für die musikalische Moderne, darunter die Wiener Schule, aber wirklich positives Engagement vermochte er wohl aufgrund seiner verdrängten kompositorischen Ambitionen und rigiden Vorurteile kaum zu entwickeln.

Von anderem Schlage, hochgebildet, vielseitig interessiert, wendig und undogmatisch, war da Oskar Bie (1864 - 1938), ein im besten Sinne feuilletonistischer Musikschriftsteller, der von der bildenden Kunst herkam und über Musik mit der einfühlsamen Kompetenz eines Enthusiasten für alles Außerordentliche, Unkonventionelle und Sensationelle schrieb. Neben großen monographischen Arbeiten über die Oper, den Tanz, das Klavier, das deutsche Lied, die moderne Musik oder das "Rätsel der Musik" verfaßte er seine regelmäßigen, impressionistisch einfühlsamen und mit reichem kulturhistorischem Wissen umrankten Kritiken vor allem für den "Berliner Börsen-Courier", eine einflußreiche rechtsdemokratische Zeitung der Wirtschaft mit einem allem künstlerisch Progressiven aufgeschlossenen Feuilleton.

Nicht minder weltläufig, dabei noch um vieles fleißiger im Schreiben und ebenso aufgeschlossen für Modernes ohne wirklich kämpferische Parteinahme zeigte sich Adolf Weißmann (1873-1929).

Auch er verfaßte gediegene Bücher wie "Berlin als Musikstadt", "Das Erotische in der Musik", "Musik in der Weltkrise" oder "Entgötterung der Musik", die ihn als geistreichen, scharfzüngigen, ein wenig bitter-zynischen und spenglerisch-skeptizistischen Musikschriftsteller ausweisen. Seine kritische Tätigkeit, in ihrer Art virtuos und äußerst einflußreich, begann 1900 beim "Berliner Tageblatt" und setzte sich 1916 bis zum Tode 1929 fort bei der "BZ am Mittag", Deutschlands größter, modernster, schnellster Boulevard-Zeitung, sowie an anderen Blättern, beispielsweise in der Opern- und Konzertkritik für die Berlinische Monatszeitschrift "Die Musik", einer Art Konkurrenz-Unternehmen zur weit konservativeren Leipziger "Zeitschrift für Musik".

Chronologisch hat hier der berüchtigte Paul Zschorlich (1876 - 1942) zu folgen, einer der Wegbereiter der nazistischen Musikpolitik, der die rechtsradikale "Deutsche Zeitung" mit rüden Kampfansagen gegen alle moderne, linke, demokratische Kunst versorgte. Auch er ein gescheiterter Komponist, der durchaus nicht ohne journalistisches Geschick, aber mit wahrhaft fäkalischem Vokabular und Revolver-Slogans operierte und damit den "kleinbürgerlichen ... Instinkten des Spießertums"[1] (Hans Curjel) zu schmeicheln versuchte. An reaktionärer Gesinnung übertraf ihn bloß noch Fritz Stege (1896 - 1965), ein gleichsam geborener Faschist, ab 1929 Redakteur der "Zeitschrift für Musik" und tätig für den "Völkischen Beobachter" sowie planmäßiger Nachfolger des gütig-patriarchalischen Hermann Springer (1872 - 1945) im Amt des Vorsitzenden des "Verbandes deutscher Musikkritiker" seit Mai 1933.

Vor dem Hintergrund derart dunkler Figuren hebt sich Alfred Einstein (1880 - 1952), der bedeutende Gelehrte und profunde Musikhistoriker, in seiner kritischen Tagesarbeit für das "Berliner Tageblatt" und die "BZ am Mittag" wie eine reine Lichtgestalt ab. Er gab sich als maßvoller Anhänger der neuen Musik, der vor extremen Fortschrittskonzepten warnen zu müssen glaubte, der aber seine strengen Maßstäbe stets mit substanziellen Argumenten, mit werkanalytischen Belegen und stilgeschichtlichen Vergleichen so subtil wie sprachmächtig zu verteidigen wußte.

Von ähnlicher Weite des Blicks und Schärfe des Urteils waren die Kritiken Klaus Pringsheims (1883 - 1872), eines Schwagers von Thomas Mann, getragen, die er insbesondere ab 1927 für den sozialdemokratischen "Vorwärts" schrieb, übrigens im Unterschied zur entschieden konservativeren Haltung seines älteren Bruders Heinz (1882 - 1970), der ebenfalls für verschiedene Berliner Zeitungen arbeitete. Was Klaus Pringsheim an sozusagen einsteinscher Wissenschaftlichkeit fehlte, machte er durch literarische Bildung und durch seine praktischen Erfahrungen als Kapellmeister und Regisseur, der er eigentlich war, reichlich wett.

Die junge Kritikergeneration und damit auch die radikale musikalische Moderne vertraten seit Ende der zwanziger Jahre am energischsten und überzeugendsten Heinrich Strobel (1898 bis 1970) und Hans Heinz Stuckenschmidt (1901-1988). Strobel wurde 1927 Musikreferent am "Berliner Börsen-Courier" für Konzerte neben dem Opernfachmann Oskar Bie. Gleichzeitig fungierte er als einer der Herausgeber von "Melos". Er entwickelte sich zu einem leidenschaftlichen Anwalt Hindemiths und Křeneks und damit jener aktuellen Tendenzen, die im Namen "Neuer Sachlichkeit", eines polyglotten Objektivismus, musikantischer Robustheit und allerlei Gebrauchs- und Gemeinschaftswerte den vermeintlich romantischen Subjektivismus und expressiven Elitarismus vor allem der "Wiener Schule" überwunden zu haben glaubten. Stuckenschmidt, ab 1929 als Nachfolger Weißmanns bei der "BZ am Mittag", liebte das Neue in zugleich weitherziger und kompromißlos-kämpferischer Weise und exponierte sich ebenso für Schönberg wie für den Jazz, für linke politische Musik wie für Strawinsky, für Dadakunst wie für den neoklassizistischen Esprit der jungen Franzosen. Er hielt, frühes Mitglied der "Novembergruppe", Freund Kurt Weills und Hanns Eislers, unter den Kritikern im bürgerlichen Blätterwald die am konsequentesten links-liberale Position. Am Rande des höchst unvollständig skizzierten Ensembles seien nur noch Walter Schrenk, Josef Rufer, Viktor Zuckerkandl, Paul Schwers, Rudolf Kastner, Edmund Kühn, Sigmund Pisling und dessen Witwe Nora Boss-Pisling genannt und - als zwei der wenigen bedeutenden Komponisten,

die zeitweilig das kritische Metier pflegten - Kurt Weill und
Hanns Eisler nicht vergessen.

Kritik der Kritik

Eislers musikkritische Tätigkeit für "Die Rote Fahne", das
Zentralorgan der KPD, zwischen 1927 und 1929, soll hier nicht
im Detail gewürdigt werden. Sie bleibt als der wohl früheste,
wegweisende Versuch, von marxistischen Positionen aus das aktuelle Musikleben an künstlerischen Brennpunkten zu diagno-
stizieren, von prinzipieller Bedeutung. Vor allem seine Ein-
schätzungen genereller Art, etwa des bürgerlichen Opern- und
Konzertbetriebs der Reichshauptstadt oder der internationalen Situation der neuen Musik, vermitteln trotz soziologisie-
render Vereinfachungen und gewisser linksradikal-kurzschlüs-
siger Utopien, nach wie vor brauchbare Ansätze zur kritischen
Analyse der damaligen Musikkultur. Was freilich Eislers Be-
trachtungen zu konkreten Komponisten und einzelnen Werkauf-
führungen anbelangt, so amüsiert uns eher sein paradoxer Witz
und eine mokante Rotzfrechheit, die weniger mit parteipoli-
tischer Linientreue als vielmehr mit ästhetischen Animositä-
ten des Komponisten und des Praktikers proletarischer Kampfmu-
sik zu tun hat. So gut wie nichts findet Gnade vor seinem Ohr
und so gut wie alles verdient mitleidlose Verachtung. Konfron-
tiert mit neuen Arbeiten Strawinskys, Honeggers, Milhauds,
Hindemiths und anderer beschließt er eine Kritik 1928 beispielsweise mit dem Verdikt, in der Musik mache sich "das
schäbigste Kleinbürgertum breit, selbst bei den besten Talen-
ten. Die soziale Revolution wird die Musikproduktion der letzten Jahre auslöschen wie einen Tintenklecks."[2]
Ähnliche, vielleicht etwas stichhaltigere Hoffnungen hegte er
hinsichtlich der schreibenden Zunft, soweit sie die bürgerliche, musikalische "Zeitungskritik" betraf, die er in einem
Aufsatz für ein "Melos"-Heft vom März 1929 schonungslos attak-
kierte. Er gab eine blendende Analyse der sozialen Lage jener
eher etwas bedauernswerten Herrn der Musikkritik[3], die, wie
er meint, sich für vorurteilsfrei und objektiv unabhängig
halten, während sie in Wahrheit nur ausgebeutete Angestellte
einer Firma, der ökonomischen und politischen Interessen einer

Zeitung seien, mit denen sie letztlich "im gewissen Einklang"[4] stehen müssen. Diese Abhängigkeit zerstöre unweigerlich die Kritiker-Individualität, den kritischen Charakterkopf zugunsten zweier neuer, entpersönlichter Typen, die besonders in den großen Städten begegneten: des Kritiker-Bonzen und des kleinen Mannes, die sich zueinander wie der Prokurist zum Laufburschen einer Firma verhielten. Dies führe zu einer "Rationalisierung der Musikmeinung"[5], zu einer Vorbestimmtheit der Urteile, die den Sinn von produktiver Kritik letztlich unterhöhle. "Ein Werk", resümiert Eisler hierzu, "das im Stil einer Richtung entspricht, die man als 'neue Sachlichkeit' bezeichnet, wird in der Rechtspresse ungünstig beurteilt werden. Eklektische Spätromantik wird wieder von den Blättern der linken Bourgeoisie abgelehnt werden. Ein Meister wie Schönberg wird noch am ehesten von der linken Bourgeoisie gewürdigt und von den Rechten als großstädtische Zersetzungserscheinung und Bedrohung der deutschen Volkskultur beurteilt werden."[6]

In der Tat wird ein solcher musikkritisch-politischer Konnex durch das Studium entsprechender Lektüre bestätigt, und er wird nirgendwo so plastisch evident wie gerade am unvergleichlich reichhaltigen und differenzierten Material der Berliner Musikkritik aus den zwanziger Jahren. Wenn etwa im Falle der Reaktionen auf die berühmte "Wozzeck"-Uraufführung im Dezember 1925 Paul Zschorlich von Hochstapelei und Kapitalverbrechen spricht und höhnt, er wolle "Moses Kanalgeruch heißen, wenn das kein aufgelegter Schwindel"[7] sei; wenn Adolf Weißmann das Werk zwar als "eine im rückwärtigen Sinne moderne Merkwürdigkeit"[8] anerkennt, aber nicht wünscht, "daß die Musik sich in diesem Sinne weiterentwickelt"[9]; oder wenn Stuckenschmidt die absolute Genialität der Oper beschwört und sie als eines der bedeutendsten Ereignisse "für die Geschichte der Musikdramatik überhaupt"[10] bezeichnet, dann handelt es sich um persönliche Urteile nur insofern, als sie zugleich das Image derjenigen Zeitungen verkörpern und damit die politische Orientierung derjenigen Kräfte, die sie schreiben und werten lassen. So repräsentiert Zschorlich den zunächst kleinen, aber rasch wachsenden Einfluß der nazistischen Pöbelpropaganda, so vertritt

Weißmann das beherrschende Lager des liberalen Bildungsbürgertums, so artikuliert Stuckenschmidt gewisse künstlerische Interessen der linksdemokratischen Opposition.

Dieses Schema von Abhängigkeiten, Korrespondenzen und Konvergenzen disponiert die Berliner Musikkritik in den zwanziger Jahren besonders auffällig, am auffälligsten natürlich dort, wo sie durch eklatante Kunstleistungen herausgefordert war: durch Aufführungen von Musik der Wiener Schule, durch neue Opern Hindemiths oder Kreneks, durch Klemperers Engagement in der Krolloper oder durch das politische Theater Brecht / Weills und Brecht / Eislers zum Beispiel.

Aber wenn wir heute unsere Aufmerksamkeit einem Phänomen wie der Berliner Musikkritik jener Zeit zuwenden, dann geht es nicht nur um die möglichst exakte Beschreibung, gar Bestätigung solcher prinzipiell wirksamen Schematik. Es geht vielleicht in erster Linie wieder darum, auch die Spielräume, die individuellen Potenzen, den Widerspruch der Kritik und den Widerstand der Kritiker in der Mechanik künstlerisch-sozialer Wirkungszusammenhänge zu entdecken. Es macht nicht nur einfach Spaß, die Spannweite intelligenter Reflexion über Musik im kritischen Tagesgeschäft wahrzunehmen, sondern wir können uns anhand derartiger Lektüre wissenschaftlich darüber belehren, wie Musik auch im Zuge musikkritischer Meinungsbildung ihren sozialen Charakter ausprägt und sich mit gesellschaftlichem Gehalt auflädt. Freilich dürfen wir dabei nicht vergessen, daß, wie es Christa Wolf formulierte und zitierte, gerade Kritiker als Schreibende die Rolle des Schreibenden spielen, daß auch sie ihre "vielfältigen Persönlichkeiten wie Schauspieler benutzen, die in verschiedenen Stücken spielen", die ihr "authentisches Selbst" unter einer Maske verbergen müssen "und eine Rolle spielen, um klarzukommen mit einem festgelegten sozialen Code"[11]. Auch in dieser Hinsicht liefert die Berliner Musikkritik der zwanziger Jahre ein besonders instruktives Modell, an dem wir uns nicht zuletzt über uns selbst belehren können. Zu solcher Erinnerungs- und Aufklärungs-Arbeit möchte ich hiermit angeregt haben.

148

Beispiele Berliner Musikkritik

1. "Wozzeck"-Uraufführung, 14. Dezember 1925

Oskar Bie in: Berliner Börsen-Courier, 15. Dezember 1925
Dieser arme Soldat Wozzeck hat eine doppelte Mission in der
Kunstgeschichte. Er begann literarisch den neuen Naturalismus, den Büchner vorausnahm und Hauptmann erfüllte. Und er
beginnt nun auch den neuen musikalischen Naturalismus, den
Schönberg in seinen Monodramen erfand und den sein Schüler
Alban Berg hiermit auf die Oper überträgt. Das Wesentliche
ist: die Schöpfung ist gekonnt, ist sicher und beherrscht,
ist kein Experiment, sondern Meisterschaft der Art, ernstes
Gewissen, überzeugende Arbeit. Die Kunst der Partitur ist
außerordentlich. Der Klang ist erreicht, die Suggestion geht
nicht aus, die Spannung erhöht sich, die Instrumente sprechen, ihre Kämpfe sind Erlebnisse, ihre Ballungen und Auflö-
sungen seelischer Prozeß. Es ist kein Nachlassen darin, ob
die Schauer Wozzecks, die Brutalitäten des Tambourmajors,
die Leiden der Marie gezeichnet werden. Die kurze Szenenfol-
ge gibt die Abwechslung und gibt die Zwischenspiele. Eine
letzte Steigerung wird empfunden in der Auslösung des Mordes
und Selbstmordes, in dem wundervoll gehobenen, langsamen, alles aussprechenden Zwischenspiel vor der Schlußszene.
Rudolf Kastner in: Berliner Morgenpost, 16. Dezember 1925,
1. Beilage
Alle Gesetze von absoluter "Schönheit" der Musik sind aufgehoben zugunsten letzter Wahrheit des Ausdrucks, der zuweilen
erschütternd bis ins Mark ist. Von der orchestralen Virtuosi-
tät, stets ohne Selbstzweck, kann man nur mit Bewunderung
sprechen. Stil, Form, Ausdrucksmittel in Bergs "Wozzeck" sind
so seltsam, daß sie zur grandiosen Einmaligkeit werden. Wehe
dem Nachahmer. Ängstliche Gemüter dürfen also beruhigt sein,
dieses "Wozzeck"-Musikdrama kann, soll und wird nicht Schule
werden ... Über die Aufnahme des gespenstisch-visionären Werkes, das den nun über vierzigjährigen Alban Berg mit einem
Schlage als Künstler von wundersamem Schöpferwillen in eine
heiße Debatte stellt, war bereits gesagt, daß sie ehrenvoll
und von tiefer Resonanz bei einem kritischen Publikum aus al-

ler Welt war. Die Berliner Staatsoper hat gezeigt, daß sie
scheinbar Unaufführbares wagen und bezwingen kann.
Carl Krebs in: Der Tag, 15. Dezember 1925
Nietzsche sagt einmal, es müsse Chaos sein, wo ein Stern ge-
boren werden solle. Ein musikalisches Chaos herzustellen, ist
Alban Berg ja unter Aufwendung großer Verschmitztheit und mit
Verbrauch erheblicher Mengen von Gehirnschmalz glücklich ge-
lungen; nach dem Stern habe ich vergeblich Ausschau gehalten.
Nach den Aktschlüssen Beifall, der im wesentlichen von einer
kleinen Gruppe geschickt im Saal verteilter Leute ausging
(Wiener Import, wie ich höre), aber auch Lachen und Zischen.
Es gibt in der Tat Menschen, die sich über diese Art von Kunst-
äußerung und ihre Anhänger aufs tiefste entrüsten. Das begrei-
fe ich nicht. Mir macht so was immer nur Spaß. Die armen Per-
versen wollen doch auch ihrer Kunst frönen; man soll sie be-
dauern, aber nicht verdammen. Aber man soll freilich auch
nicht behaupten, daß sich in solcher Kunst "Geist und Wesen
unserer Zeit" verkörpern. Das ist so wenig der Fall, wie zum
Beispiel etwa die Geißlerzüge eine Verkörperung von Geist und
Wesen des 14. Jahrhunderts sind. Es handelt sich bei derlei
Erscheinungen vielmehr um geistige Epidemien, von denen glück-
licherweise stets nur solche Personen ergriffen werden, die besonders dafür veranlagt sind. Das kommt und vergeht, wie die
Grippe.
Edmund Kühn in: Germania (Morgenausgabe), 16. Dezember 1925
Es ist lediglich gequältes, mißtönendes Gackern, was die modernen Geräuschfabrikanten vom Schlage Alban Bergs unter "Oper
komponieren" verstehen. Mache, geschickte Mache, sensationelle Mache, skrupellose Mache, auf jeden Fall nur Mache, nur Mache ... Ein Hexenbreughel an abgehackten Orchesterlauten, miß-
handelten Menschenkehlen, tierischen Aufschreien, Brüllen, Rö-
cheln und allen üblen Geräuschen. So aber gibt's nur noch eins:
was um Schönberg und Schönberg-Zucht ist, den Brunnenvergif-
tern der deutschen Musik Fehde für alle Zeiten.
Siegmund Pisling in: 8 Uhr-Abendblatt, 15. Dezember 1925
Das schwierigste Werk, das je über eine Opernbühne gegangen,
erweist sich als Fundgrube all dessen, worüber sich Reaktio-

näre grün und blau ärgern. Spärliche "tonale" Stellen beisei-
te gelassen, klingt diese Musik genau so, wie unsre teuren
Vergangenheitshüter wünschen, daß sie nicht klinge ... Das
Werk ist eine Apotheose des "Interessanten", wie sie kühner
kaum gedacht werden kann. Der Versuch, eine Verbindung zu be-
wirken zwischen dramatischer Psychologie und den verdichte-
ten Formen der absoluten Musik, ist interessant genug. Aber
doch wohl nicht mehr als das. Lassen wir's bei einem einzigen
Beispiel bewenden. Die erste Szene des dritten Akts (Mariens
Stube) ist aufgebaut auf der Folge: Thema, sechs Variationen
und Fuge. Wir haben uns auf die Suche gemacht, haben in dem
prachtvoll-übersichtlichen Klavierauszug der Universal Edition die geistvollsten kontrapunktischen Formen aufgestöbert.
Welch ein Können. Aber diese Dinge machen in der Oper wenig
Freude. Sie sind unwichtig. Sind experimentell angewendet.
Die dramatische Komposition, von Monteverdi bis auf Schönbergs "Erwartung", folgt anderen Gesetzen ... Wir haben das
unglaublich schwierige Werk zweimal gehört. Zu wenig, um unsern
Gesamteindruck anders als mit Reserve zu Papier bringen zu
dürfen. Die Frage, ob Bergs "Wozzeck" ein Produkt echter
Schöpferkraft sei, glauben wir verneinen zu sollen. Man dre-
he und wende sich in der Musikgeschichte wie man wolle, man
nehme den Gregorianischen Choral vor oder eine Seite des großen Schönberg – jeder Meister singt seine eigene Melodie. Man
wäre in Verlegenheit, sollte man das Spezifische in der Berg-
schen Melodik angeben. Man las in einer Musikzeitschrift, das
Wiegenlied der Marie gehöre "zu den lyrisch stärksten Einge-
bungen, die in der neuesten Opernliteratur bekannt sind". Wir
sind anderer Meinung. Rubinstein hat eine "Etüde auf falsche
Noten" geschrieben. Hier hätte man nun ein "Feld-und-Wiesen-
Wiegenlied auf falschen Noten". Dem armen Wurm verdirbt's die
Nerven. Das wird ein Neurastheniker. Genau wie der Vater. Nun
aber das Ohr geschärft für das stimmungsweckende Ingenium eines phänomenalen Könners ohne Kompromisse. Für die sphinxhaf-
te Vielfalt expressionistischer Musik, für die Schwestern-
schaft dämmernder, unheimlicher, aus Gespensteraugen glit-
zernder Seelenbereiche Signale aus dem second life. In der

Verwandlungsmusik vor der Szene mit den stöckeschneidenden
Wozzeck und Andreas zumal, aber auch in der Szene selbst zu
atembeklemmender Kraft sich erhebend, stark im Grotesken,
stark in der letzten Verwandlungsmusik, ergreifend in der
Schlußszene mit dem Kinde und doch, der Hauptsache nach, verankert im Artistischen, das sich in einem erstaunlich differenzierten Massenorchester, nebst Seitenorchester, auswirkt,
bis dem geistvollen Komponisten endlich "die Natur kommt",
mit diesem Wozzeck zu reden, und er überzeugt, anstatt, mit
mehr oder weniger Erfolg, bloß zu überreden.

<u>Walter Scarenk</u> in: Deutsche Allgemeine Zeitung, 16. Dezember
1925

Das ist wahrhaft inspirierte Musik, erwachsen aus einem starken Naturgefühl und gestaltet mit der Sicherheit eines großen Künstlers, der unerhört viel kann und seinen Weg weiß.
Es ist eine lebensnahe Musik, stark in Gefühl und Stimmung,
ein Musik voll visionärer Schau, aufgestiegen aus der See-
le unserer Zeit, aber erst einer späteren wird sich ihr letzter Sinn ganz entschleiern.

<u>Hans Heinz Stuckenschmidt</u> in: Thüringer Allgemeine Zeitung,
17. Dezember 1925

Es ist schwer, der seltsamen Vollendung und Einmaligkeit dieses Werkes in den Grenzen einer Kritik gerecht zu werden.
Kaum je wurde einer Oper ein Buch unterlegt, dessen litera-
rischer Wert so völlig den musikalischen Deutungsmöglichkei-
ten entsprach wie das geniale Fragment Georg Büchners ... Daß
es Berg gelang, zu diesem Buch eine Musik zu schreiben, die
seine Weise nicht nur nicht beeinträchtigt, sondern noch unerhört steigert, die Latentes aufdeckt und geheimste Psycho-
logien enthüllt, ohne sich des Wichtigsten: dramatischer Konzeption und musikalischer Einheit zu begeben, beweist eine
Genialität, die ihn unmittelbar neben die bedeutendsten Mu-
sikdramatiker der Gegenwart stellt ... Der Abend bildete nicht
nur die größte Sensation dieser Saison, sondern auch ein Ereignis von Bedeutung für die Geschichte der Musikdramatik
überhaupt. Das Publikum war, einigen Unentwegten zum Trotz,

die schon in der Generalprobe die Gastfreundschaft des Theaters gröblich mißbraucht hatten, von dem Werk hingerissen.

Adolf Weißmann in: B.Z. am Mittag, 15. Dezember 1925

Ich habe für Berg, diesen feinen, reinen Menschen und Musiker eine Schwäche. Gewiß ist er durch die niederzwingende Persönlichkeit Schönbergs in seiner Laufbahn, in seinem Schaffensdrang sehr gehemmt worden. Das Werk aber, das sich hier in schwerem Ringen von ihm losgelöst hat, ist der bisher stärkste Ausdruck dessen, was in ihm ist ... Lassen wir uns nicht täuschen: so atonal diese Wozzeck-Musik uns anweht, sie ist die, wie ich glaube, letzte Ausstrahlung des durch Schönberg hindurchgegangenen Tristan-Geistes. Für uns Musiker kann im Klang dieser Musik nichts Aufreizendes liegen; wir sind durch nichts gehindert, in ihr Seelisches zu dringen; dem ungeübten Hörer freilich mögen die Sekund- und Quartenreibungen der Polyphonie peinlich sein. Doch, scheint mir, war der Weg vom "Lohengrin" zum dritten "Tristan"-Akt für den damaligen Opernhausbesucher weiter als der des heutigen von da zu einem Wozzeck. Es liegt mir fern, beide Werke vergleichen zu wollen. Aber ich möchte Wozzecks Stellung innerhalb der Musik unserer Zeit einigermaßen begrenzen. Das ergibt sich folgender Stammbaum: Urvater Tristan; romantischer Schößling Debussys "Pelleas und Melisande"; letzter Abkömmling (über Debussy und Schönberg) "Wozzeck". Fragt man mich: Wünschen Sie, daß die Musik sich in diesem Sinne weiterentwickelt, so antworte ich: Nein, Wozzeck ist eine im rückwärtigen Sinne moderne Merkwürdigkeit; ebensowenig zu überbieten wie "Pelleas und Melisande". Ich liebe die Oper und alle Verführungen der Menschenstimme. Aber ich kann auch ein solches Werk von historischer Bedeutung nicht entbehren. Und ich halte es, ohne Rücksicht auf den äußeren Erfolg, für die Pflicht jeder größeren Bühne, den "Wozzeck" aufzuführen ... Denn ich habe zu bestätigen, daß die Aufführung den von der Generalprobe empfangenen Eindruck sehr verstärkt hat.

Paul Zschorlich in: Deutsche Zeitung (Abendausgabe), 15. Dezember 1925

Als ich gestern abend die Staatsoper Unter den Linden verließ, hatte ich das Gefühl, nicht aus einem öffentlichen

Kunstinstitut zu kommen, sondern aus einem öffentlichen Irren-
haus. Auf der Bühne, im Orchester, im Parkett: lauter Ver-
rückte. Darunter in geschlossenen Gruppen, in trotzigen Qua-
dres die Stoßtruppe der Atonalen, die Derwische Arnold Schönbergs. Fest eingekeilt inmitten des Publikums, gleich einem
künstlichen Gebiß im menschlichen Munde. "Wozzeck" von Alban
Berg war die Kampfparole. Das Werk eines Chinesen aus Wien.
Denn mit europäischer Musik und Musikentwicklung haben diese
Massen-Anfälle und -Kämpfe von Instrumenten nichts mehr zu
tun. Und ich frage mich nur eins: sind diese Menschen, die gestern Beifall tobten, dieselben, die sich Bachs h-Moll-Messe
oder eine Oper von Mozart anhören? Wenn das bejaht werden
soll, dann steht dieses Publikum an Urteilsfähigkeit auf der
Stufe der Tibetaner, dann ist seine Heuchelei und Verlogen-
heit so groß, daß man nach dem Spucknapf verlangt ... Welchen
Standpunkt aber nimmt der Verbrecher dieses Werks ein? ... Er
leugnet alles Gewesene, Gewordene und in begnadeten Stunden
Geschaffene, er verhöhnt Formen und Gesetze, er verachtet alle großen Meister, er sudelt drauf los, was die Feder hält,
er macht sich aus nichts ein Gewissen, er baut fest auf die
Dummheit und Erbärmlichkeit seiner Mitmenschen ... Ich will
von morgen ab Moses Kanalgeruch heißen, wenn das kein aufgelegter Schwindel ist. Wenn solche Kunst der Fuge heute von
Arnold Schönberg in der Akademie der Künste gelehrt wird,
dann wäre es besser, man richtete das Gebäude als Schwimmbad
ein. Das wäre immerhin eine reinliche Sache ... Am Schluß einer
Szene schallt zweimal das Wort "Hundsfott" durch den Raum.
Kurzum: man beginnt sich Unter den Linden nicht nur einzule-
ben, sondern auch auszuleben. Der Tag kann jetzt nicht mehr
fern sein, da der Beischlaf auf der Bühne der Staatsoper co-
ram publico vollzogen wird. Erst dann wird der Schönberg-
Kleiber-Klüngel am Ziel seiner Wünsche sein.

2. Hanns Eisler: "Zeitungskritik" (Ausschnitt) in: Melos
(Berlin), 8. Jg. Heft 3, März 1929
In den großen Städten kommen zwei Typen des Musikkritikers
vor: der Kritiker-Bonze und der kleine Mann ... Der Kritiker-
bonze ist eigentlich eine überlebte Vorkriegserscheinung. Bei
der Rationalisierung des Musikbetriebes, bei der Rationali-

sierung der Musikmeinung ist eine solche 'Individualität' gar
nicht mehr am Platze. Er wird abgelöst werden durch den mitt-
leren Typus des kleinen Mannes, der eine bestimmte herrschen-
de Richtung vertritt ... Die großen Kritiker der Vergangenheit
(Schumann, Berlioz, E.T.A. Hoffmann) waren selbst ausgezeich-
nete Fachleute, und Eduard Hanslick, einer der großen kritischen Persönlichkeiten des 19. Jahrhunderts, war ein äußerst
gebildeter, scharfer, kritischer Kopf. Unmöglich für den Angestellten eines modernen Zeitungsbetriebes, einer solchen
Leistung nur nahe zu kommen (das wäre auch gar nicht er-
wünscht), und so muß er sich mit der bescheidenen Rolle des
'Coulissiers' (das ist so eine Art Makler) begnügen. <u>Es ist
maßlose Arroganz in unserer Zeit, von einem Musikkritiker
irgendwelches Fachwissen und Fachkönnen zu verlangen.</u> Selbst
wenn dieser in der Jugend etwas gelernt hat, so muß er doch
bei der Ödheit des Musikbetriebes, verschärft durch den
'Dienst am Blatt', verkümmern und hat kaum die Möglichkeit
zu einer wissenschaftlichen und schriftstellerischen Entwicklung.
Der schönste Typus Kritiker ist noch der, der uns Kamerad
sein will, <u>den Musikbetrieb durchschaut und ohne Vorbehalt
allen jungen Leuten hilft.</u>
Auch gibt es heutzutage noch ein paar Fachleute, die Tages-
journalisten sind, aber diese armen Herren muß man bemitlei-
den, weil sich ihr Fachwissen nicht mit dieser Tätigkeit ver-
einbaren läßt, und nur depraviert werden kann.
Wir Musiker müssen umlernen und dem Kritiker, dieser Mischung
von 'Halbgott und Inseratenagenten', weder ironisch-verachtend
noch devot gegenüberstehen. Wir müssen immer wissen, daß der
Kritiker als Person machtlos ist. Wir müssen ferner immer
wissen, daß wir es hier zum großen Teil <u>mit ausgebeuteten,
gehetzten Angestellten zu tun haben.</u> Wir müssen uns immer
klar darüber sein, daß es unmöglich ist, von einem Menschen
mit keiner speziellen Veranlagung folgendes zu verlangen: Gegen die Zahlung eines noch näher zu bestimmenden Honorares
nehmen sie es auf sich, folgende Eigenschaften zu haben oder
zu entwickeln: die Musikalität Mozarts, den Charakter Beet-

hovens, die Unbestechlichkeit Lessings und das Fachwissen
Brahms'.
Deshalb möchte ich diesen Versuch einer Analyse der Musikkritik mit dem Satz schließen: Kritiker aller Zeitungen, ver-
einigt Euch und kämpft gegen den Musikbetrieb.

Anmerkungen

1   Hans Curjel: Experiment Krolloper 1927 - 1931, München 1975,
    S. 216 f.
2   Hanns Eisler: Die neue Religiosität in der Musik, in: Musik
    und Politik, Schriften 1924 - 1948, Leipzig 1973, S. 64.
3   Hanns Eisler: Zeitungskritik, in: Musik und Politik, a.a.O.
    S. 94.
4   Ebenda S. 96.
5   Ebenda S. 97.
6   Ebenda.
7   Zit. nach Bärbel Schrader / Jürgen Schebera: Kunstmetropole
    Berlin 1918 - 1933, Berlin und Weimar 1987, S. 161.
8   Ebenda S. 162.
9   Ebenda.
10 Ebenda S. 161.
11 Christa Wolf: Störfall - Nachrichten eines Tages, Berlin
    und Weimar 1987, S. 91.